JN303308

歴史に学ぶ経営学

Business administration to learn from the history

吉沢 正広 編著

学文社

執筆者紹介 （敬称略）

井田　泰人	近畿大学短期大学部教授（第6章，第11章）
関谷　次博	神戸学院大学教授（第8章，第10章）
藤田　順也	甲南大学准教授（第12章）
祝田　　学	岡崎女子短期大学准教授（第14章，第15章）
山田　雄久	近畿大学教授（第2章，第3章）
山内　昌斗	専修大学教授（第1章2，第5章，第9章，第13章）
＊吉沢　正広	東京福祉大学教授（第1章1，第4章，第7章）

（五十音順）（＊は編著者）

はじめに

　2013年を迎え新しい政権のもと日本では，近年の超円高が緩和され，企業業績の改善が期待されるとの思惑から株式価格の上昇がみられる。とりわけ輸出産業の業績の回復が顕著となりそうであるとの観測がされている。しかしながら，この状況が今後どう展開するか，実態を反映したものかなど先行きを楽観視することはできない。

　翻って，昨年までの日本の企業経営は，1990年代以降バブル経済崩壊後の失われた10年などといわれる期間を経過する過程でさまざまな経験を繰り返してきた。近年の円高傾向の定着，中国企業や韓国企業とのし烈な競争の展開，国内景気の停滞など厳しい局面を経験してきたことは周知のとおりである。縮小する日本から海外へ向けて製造企業を中心とする現地生産の動きは活発化し，一方では国内産業の空洞化という厳しい現実を呈しながら，日本企業の経営は新たな段階に入った観がある。

　日本にとって厳しい状況が続くなかで，日本経済を内発的に推進させる新しい企業や産業の創出が叫ばれてきた。そして，それを担う存在として，企業者精神をもった経営者の出現が期待されてきた。

　本書の主要な動機は，当初小規模であった企業を企業家や創業者といわれる人々が，いかに奮闘し成長させてきたかの軌跡を辿ることをとおして，彼らが経験し蓄積してきたことを読者に知ってもらいたいことであった。

　本書の特徴は，上述の点を踏まえ，以下のようになっている。企業を成長させてきた企業家の活動を描写していることや企業の歴史的な背景を含めた企業活動を記述していることである。それを通して経営の基本的な知識を読者が理解できるように配慮していることである。このようなことを念頭において，本書の作成にあたり各執筆者には，企業の成立を担った企業家の活動や成立した

企業の初期経営活動を試行錯誤の過程を交え，描いてもらいたいという趣旨のお願いをした。結果として，ほぼ当初の目論見どおりの内容になったものと思われる。

　次に，本書の内容を列記すると，以下のようである。

　第1章　経営の全体像，第2章　陶磁器輸出の発展，第3章　近代紡績企業の成立と発展，第4章　外資自動車企業の成立と発展，第5章　日本家電産業の成立と発展，第6章　二輪車産業の成立と発展，第7章　日本自動車産業の成立と発展，第8章　食品企業の成立と発展，第9章　小売業における革新的行動，第10章　運輸業の成立と発展，第11章　粧業ビジネスの成立と発展，第12章　製造小売業の生成と発展，第13章　小売業の進化，第14章　IT産業の成立と発展，第15章　革新的企業の成立と発展となっている。

　本書の各執筆者は，それぞれの研究分野で活躍されている。各執筆者にとっては，読者の皆様のご批判や叱咤激励が今後の研究活動の大きな糧になると思われる。

　本書を作成するにあたりお力添えをいただいた執筆者各位に感謝申し上げたい。とりわけ，山内昌斗氏（広島経済大学）は，本書の企画立案段階からさまざまな準備作業において多大なご協力をいただいた。本書が，円滑に出版の運びに至ったのは同氏の協力の賜である。お礼を申し上げたい。また河西一也君（諏訪東京理科大学学生）からは，原稿整理の援助を得た。

　最後に，近年の厳しい出版事情のなかで，執筆者各位の希望を聞き入れ，細部にわたってご配意・ご指導いただいた学文社田中千津子社長にお礼を申し上げたい。同社長の暖かいご支援が，本書の出版に結実したものと確信する。記して深謝の微意としたい。

　　平成25年3月

　　　　　　　　　　　　　　　　　　　　　　執筆者を代表して　吉沢　正広

目　　次

第1章　経営の全体像 …………………………………………………… 1
　はじめに　1
　1　企業活動の主な内容　　1
　2　歴史から経営を学ぶ意義　　5

第2章　陶磁器輸出の発展 ……………………………………………… 9
　はじめに　9
　1　長崎貿易と有田焼輸出　　10
　2　近代陶磁器企業の設立　　12
　3　洋食器輸出の拡大とアジア市場　　17

第3章　近代紡績企業の成立と発展 …………………………………… 21
　はじめに　21
　1　近代紡績技術の導入　　22
　2　大阪紡の設立　　24
　3　鐘紡の経営と武藤山治　　27
　4　日本紡績業の発展とアジア市場　　30

第4章　外資自動車企業の成立と発展 ………………………………… 34
　はじめに　34
　1　外資自動車企業の日本進出　　34
　2　フォードの初期海外活動　　35
　3　フォードの日本進出　　36
　4　ゼネラル・モーターズ社の初期海外活動　　37
　5　ゼネラル・モーターズ社の日本進出　　39
　6　日本政府の自動車産業政策の進展とフォード・モーター社と
　　　ゼネラル・モーターズ社の対応　　40

    7　両社が与えたインパクト　41
    8　移転の方法と担った人材　41

第5章　日本家電産業の成立と発展　45

　　はじめに　45
    1　松下電器の誕生　45
    2　松下電器の飛躍　49
    3　松下電器の国際化　52
　　おわりに　55

第6章　二輪車産業の成立と発展　57

　　はじめに　57
    1　企業家の定義と革新的行動　57
    2　二輪車産業の成立・発展　59
    3　ホンダの沿革とオートバイ　63
　　おわりに　68

第7章　日本自動車産業の成立と発展　71

　　はじめに　71
    1　輸入車から始まった日本の自動車産業　72
    2　国産化の努力と生産体制の構築　72
    3　日産自動車の成立　73
    4　本格的な生産　74
    5　鮎川義介の自動車生産構想　74
    6　鮎川義介の創業者精神　75
    7　トヨタ自動車の成立　76
    8　喜一郎の自動車製造研究　77
    9　喜一郎の自動車生産構想　77
    10　本田技研工業の成立　78
    11　ホンダの経営理念　79

目　次　*v*

第8章　食品企業の成立と発展 …………………………………………… 81

はじめに　81
1　味の素　82
2　キッコーマン　84
3　日清食品　87
おわりに　88

第9章　小売業における革新的行動 ……………………………………… 91

はじめに　91
1　ダイエーの誕生　92
2　事業の拡大　93
3　経営再建に向けて　99
おわりに　101

第10章　運輸業の成立と発展 ……………………………………………… 103

はじめに　103
1　鉄道貨物輸送の衰退とトラック輸送の発展　105
2　戦後〜高度成長期：長距離路線トラック事業の成長　106
3　安定成長期以降：宅配便の成長　109
4　現代：3PLへの注目　111
おわりに　113

第11章　粧業ビジネスの成立と発展 …………………………………… 115

はじめに　115
1　ブランド・マネジメント　115
2　化粧品ビジネスの展開　118
3　資生堂の沿革　121
4　資生堂のブランド・マネジメント　124
おわりに　128

第12章　製造小売業の生成と発展 ………………………………………… 130

はじめに　130

1　ユニクロの SPA への道のり　131
　おわりに　141

第13章　小売業の進化 …………………………………………………… 144
　はじめに　144
　　1　セブン - イレブンの創業　144
　　2　コンビニエンス・ストア業界の成長と競争の激化　149
　　3　経営システムのさらなる強化　151
　おわりに　154

第14章　IT 産業の成立と発展 …………………………………………… 156
　はじめに　156
　　1　IT 産業の黎明　156
　　2　IBM のパーソナルコンピュータ市場の参入　157
　　3　マイクロソフト社の飛躍　160
　　4　日本における IT 産業の発達　163
　　5　コンピュータの発展とその後　164
　おわりに　165

第15章　革新的企業の成立と発展 ………………………………………… 169
　はじめに　169
　　1　スティーブ・ジョブズと Apple　170
　　2　ジョブズの経営手法　172
　　3　カリスマとしてのジョブズ　176
　おわりに　177

　索　　引　181

経営の全体像

第1章

はじめに

　私たちの周りには，多くの企業といわれるものが存在している。それら企業名を書いた看板や広告，チラシなどを目にする機会は一日の生活の中できわめて多いと思われる。また私たちの生活において企業と関わりなく生活することは難しく，企業が作り出す製品を毎日のように購入し朝起きてから夜寝るまでの間，企業が作り出す製品を消費し生活を維持しているのが現実である。そういった意味で，私たちにとって企業という存在は，とても身近なものであり，切っても切れない間柄といってよいであろう。

　本章においては，前半部分で企業活動の全体像を概観し，後半部分では歴史から経営を学ぶ意義について考えることにしたい。

1　企業活動の主な内容

　経営学の主な研究対象は，企業であるといわれる。企業には個人企業と呼ばれる小さな形態のものから，株式会社のように法律に基づき設立される規模の大きなものまでいくつかのタイプがある。それらは，私企業と呼ばれている。これ以外にも経営学の研究対象とするものには協同組合などNPOと呼ばれる非営利組織，政府や地方公共団体がかかわる公企業など広範囲にわたっている。

　経営学が中心的な研究テーマとして取り上げている企業について，まず企業活動の目的を考えてみる。企業の目的は，第一義的には社会つまり私たち消費者に有益な製品を提供する生産活動にあるといわれている。この活動以外にも

大切な活動が含まれている。

　まずこれら企業活動の中身を概観していくことにする。企業活動を構成する主な活動は，研究開発活動，生産活動，流通活動，販売活動，財務活動などが主なものである。そして企業の諸活動を支えていくうえで必要とされるものを経営資源という。それらはヒト（人的資源），モノ（物的資源），カネ（貨幣的資源）および情報などである。ヒトとは従業員，管理者，パート・タイマーなどである。モノとは土地，建物，機械設備，原材料，自社生産した製品などである。カネは自己資本や銀行などからの借入金である他人資本をさす。情報は各種あるが，近年では顧客情報が重要といわれている。消費者にとって有益な製品は何かというニーズを教え，また同時に新製品開発のヒントを与えてくれるからである。企業は経営資源を最適に組み合わせて研究開発，生産，流通，販売などの諸活動を行うのである（上林憲雄　2008）。以下順次その活動について概観し，経営の全体像を把握する。

研究開発

　研究開発はR & D（Research and Development）ともいわれ，企業活動にとっては重要な活動である。この活動の最大の目的は新しい製品やそれらを製造するための新しい製造方法を研究し開発することである。消費者は品質がよく価格も手ごろな製品を望んでいる。企業のもつその時点の技術水準で最良の製品を提供するとともに，消費者が望む新製品を提供できるよう絶えず研究し開発を進めているのである。企業にとってはこの活動の成果は，その企業の将来を左右するものになるといえる。

生産活動

　生産活動は研究し開発された試作品の段階から，実際の製品を大量に作るまでの活動をさす。生産という言葉は広い意味があるが，企業活動に当てはめるならば工場で製品を作っている様子を思い浮かべればイメージがわく。生産活

動は単に製品を作りつづける活動だけではなく,よりよい品質の製品を作るために品質を向上させる活動や生産現場で発生する不良品をいかに減らすかなどを考える活動,また工場全体を見回してムダな仕事がないか絶えず仕事の見直しをする活動など,不良品の発生を防止し,製造コストを低減させるさまざまな活動を含んでいる。

流通活動

　次にできあがった製品をどうやってそれらを必要としている小売店や消費者まで届けるかということが問題になる。製品は作られた後倉庫に保管しておくだけではただの在庫である。作ったものを迅速に流通させなければならない。企業から小売店や消費者まで製品を届けることを流通と呼び,製品が配送され小売店や消費者に届くまでのルートを販売チャネルとか流通経路と呼んでいる。小売店や消費者に正しく製品が届くのは,このルートが整備されているからである。

　近年,通信販売やインターネットの普及により企業から消費者に製品が直接届けられることも多くなったが,基本的には企業から卸売業者へ,そして小売業者に届けられ店舗に陳列されるという流れになる。また製品によっては直営店に直接配送されることもあり,流通の多様化が進んでいる。

販売活動

　次に消費者により多く製品を購入してもらうための活動として販売活動がある。せっかく性能がよく品質が高い製品を作っても,その製品の存在や品質の良さを知ってもらわなければ多く販売することはできない。そのために消費者にその製品を買いたいという購買意欲を喚起するためにテレビでCMを流したり,新聞や雑誌などに広告を掲載することをする。そうした活動が販売活動である。これも企業にとっては重要な活動であり,販売活動には製品の代金の回収も含まれる。代金を回収しなければ企業の存続に必要な利益を確保するこ

とができない。代金を回収してビジネスが完結する。企業にとっては自社の流通機能を使うか，あるいは外部の流通業者に委託するかは企業の独自の判断になるが，いずれにせよ製品が円滑に届けられ，販売されて初めてビジネスが成立する。

財務活動

　企業のカネにまつわる仕事には2つの側面があるといわれている。ひとつは企業を経営していくうえで必要なカネをどう調達するかという側面である。もうひとつは販売を通じて得られた利益をどう処理するかである。企業の活動は研究開発から始まり生産，流通，販売という流れの中で行われている。まずビジネスを開始する場合，必要なヒトを雇わなくてはならない。また生産・流通・販売の各段階で必要とされる工場，機械，設備などの経営資源を整備しておかなければならない。そのためにはカネが必要となる。必要なカネをどこから，そしてどのように調達するかが大きな課題になる（周佐喜和　2009）。またビジネス活動の結果，どれくらいの売り上げがあったのか，どれくらいの利益や損失が出たのか，利益が出た場合それをどう処分するのかといったことも財務活動の重要な側面になる。その他企業の活動は多岐にわたっており，ヒトの採用に関する仕事である人事，必要な部品・材料をどこから調達（仕入）するかという購買などに細分化される。

　以上企業活動の全体的な姿をみてきたが，企業の活動はこれら以外にもあり，複雑で多彩な活動から構成されている。その分，私たちには解りにくいものとなっており，それを解明しようとするのが経営学である。これから15章にわたる各章には日本や海外の企業の成立やそれを担った企業家が登場する。彼らが何を考え何をしたかについて認識を共有していく中で，これからの経営の未来について考えたいと思う。歴史に学び未来を創造する力を涵養していきたい。

2　歴史から経営を学ぶ意義

歴史の中の経営

　人類はこれまでにさまざまな経営活動を営んできた。農業，鉱工業，サービス業など，幅広い分野でその現象はみられた。ビジネスの成功は時には人々の幸福や社会の発展をもたらし，逆にその失敗は人々の悲しみや社会の停滞をもたらした。

　そのビジネス活動は人事・労務，財務，会計，流通，販売，営業などの諸活動により構成されているが，その中のいくつか，あるいは組み合わせの中に，ビジネスを成功に導くポイントや，逆に失敗に陥るポイントがある。人類は経験的にそれらのポイントを学んできた。

　本書では，先人が学び蓄積してきたビジネスのポイントを，歴史の中から学び取ることにする。そのようなことを目的に，本章以下14の章からなるビジネス・ケースを収録した。

　ただし，これらのビジネス・ケースを読み進めていく時に，いくつかのビューポイントをもっておく必要がある。何も意識せずにビジネス・ケースを読み進めるよりも，分析の視点をもって読み進めたほうが，歴史から学び取ることのできる知見が深くなると考えるからである。本書を読み進むにあたって，特に意識して欲しいのは以下の3つの点である。

(1)　総合的にビジネス活動をみる

　既述のとおり，ビジネス活動は複合的な要因が絡み合いながら展開されていく。例えば，生産活動を展開するにあたり，我が社はどのような方法をとるのか。部品の設計から最終製品の組立てまでを，すべて自社で行うのか。あるいは，部品は市場で既製品を調達し，自社での生産は製品の組立てに特化するのか。あるいは，製品設計は自社で行うが，部品の調達や組立ては他社に任せるのかなど，さまざまな選択が可能である。

この選択の結果により，例えば企業が必要とする人材が異なってくる。部品の設計から最終製品の組立てを行う場合には，熟練した技術者や作業員が必要となり，雇用も長期的なもの（終身雇用など）になるだろう。既製の部品を購入し，製品を組立てることを選択した場合には，派遣社員やパートタイマーといった比較的に賃金の安い非熟練労働者を採用することになるだろう。設計だけに特化し，組立てを他社に委託するという選択を行った場合には，高度な知識をもった研究者や技術者が必要になり，国籍や人種を越えた人材の獲得が重要になるだろう。

このように，生産活動ひとつをとってみても，人事や労務といった他の活動に影響を与えることがわかる。ビジネス活動は複合的な要因が絡み合い，組み合わさりながら展開されているのである。

したがって，本書の読者は，経営を展開する中で各活動が経営活動全体の中でどのような位置づけにあるのか，意味があるのかを意識しながら，読み進めて欲しい。また，これら活動の中で，経営者が自社の経営資源をどのように獲得し，配分していったのかを考えて欲しい。

(2) 長期的な視点で歴史をみる

本書は 14 章からなるビジネス・ケースで構成されている。もちろん，これだけで経営の歴史すべてをカバーできないが，歴史から経営を学ぶという本書の目的を果たすために必要なものを選別し，取り上げている。読者は各ケースを丹念に読み進めて欲しい。

それと同時に，ひとつのケースの学習に終始するのではなく，本書に収録されているケース全体を把握することを意識してもらいたい。「木を見て森を見ず」という言葉があるが，歴史から経営を学ぶときに，全体像である「森」を意識しておく必要がある。あまりに細部にとらわれすぎると，ビジネスの本質的な部分を見落としてしまう危険性があるからである。

時代や場所，状況が異なっても，経営の重要なポイントは変わらずに存在し

続ける。逆に，あまり重要ではないポイントは，一時的な現象に過ぎず，時代，場所，状況が異なると現れなくなる。何が重要で，何が重要ではないのかを判断する能力を身につけるためにも，視野を広くもつ必要がある。

(3) 企業家による革新に注目する

最後に，各ケースの中で登場する人物にも注目してもらいたい。歴史は人間が築くものである。企業を動かした人々が，何を考え，なぜそのような行動に至ったのか。その行動が，社会にどのようなインパクトを与えたのかを意識的にみてもらいたい。

各ケースで登場する人物の多くは，まだ知られていない新しい製品やサービスを発明したり，従来とはまったく異なる生産方法を確立したり，これまで見落とされていた市場を開拓したり，これまで利用されてこなかった原料や半製品を獲得するための手段を発見したり，ビジネスを遂行するために新たな組織を形成した人物である（Schumpeter 1926＝1977：182-183）。

このような人物が抱いた理念や精神といった部分にも踏み込んで，ケースを理解してもらいたい。そうすることで，歴史から学びうる経営の知識がさらに豊かになると考えている。

以上が，本書を読み進めるにあたってのビューポイントとなるものである。本書から得られた知識を，読者が自分自身の中で理解し消化して，ビジネスの世界で活かしていただきたい。その成果が，より良い社会の形成に結びつくことを願っている。

参考文献
岩崎功編著（2003）『グローバル時代の経営と財務』学文社
片岡信之他（2006）『初めて学ぶ人のための　経営学』文眞堂
上林憲雄他（2008）『経験から学ぶ経営学入門』有斐閣ブックス
栗原昇（2010）『図解わかる！経営の仕組み』(新版) ダイヤモンド社

周佐喜和他（2009）『経営学1』実教出版
吉沢正広編（2006）『入門グローバル　ビジネス』学文社
Schumpeter J. A.（1926）*Theorie Der Wirtschaftlichen Entwicklung*（塩野谷祐一・中山伊知郎・東畑精一訳『経済発展の理論（上）』岩波書店，1977年）．

陶磁器輸出の発展

第2章

はじめに

　日本の伝統的産業として発展を遂げてきた陶磁器業は，明治維新期に西洋の近代的陶磁器技術を導入することによって巨大な輸出産業として発展，成立した。本章では陶磁器輸出の発展という側面に焦点をあて，日本の産業発展における経営革新について紹介したく考える。

　近世に長崎から輸出された古伊万里や柿右衛門などの高級陶磁器は海外で高く評価を受け，ヨーロッパの王室や貴族から重宝される存在となった。近世前期の陶磁器技術は中国から朝鮮半島を経由して日本へともたらされ，日本独自の様式美とデザインが生み出された。このような形で日本の代表的輸出品として大量に生産された有田焼は，幕末期に入って長崎や横浜の居留地にいた外国人商人へと販売され，近代における日本陶磁器業の発展に大きく寄与した。当初は中国の色絵磁器を模倣した有田焼も，欧米のオリエンタリズムに対する評価とあいまって日本独特の花鳥風月をモチーフとするデザインを主とする製品を次々と開発し，19世紀におけるジャポニズムの台頭へとつながる動きをみせた。

　有田で培われた磁器の製法は幕末期に日本各地の陶磁器産地へ伝えられ，輸出陶磁器の開発において重要な契機となった。近代日本の陶磁器生産を牽引した名古屋・瀬戸・美濃の陶磁器生産は，幕末・維新期の有田・九谷・京都で盛んに作られた美術陶磁器の技術を踏襲しながらも，アメリカ市場に対応した洋風食器の部門で明治中期以降大きく躍進し，洋食器開発の進展とあいまって，新たな欧米向け日用食器の開発を通じて日本の中心的な陶磁器産地として急速

に成長したのである。美術陶磁器から日用陶磁器への転換において，重要な契機となったのが西洋で生まれた硬質磁器技術の導入と硬質磁器メーカーの誕生であった。石炭焼成技術の導入と洋食器に適合的な磁土の開発を通じて，洋食器やディナーセットの量産が可能となり，日本の高度なセラミック技術の発展を促進したと考えられる。以上のような陶磁器産地の劇的な変化と各種製品群の開発を経て，日本はアメリカ・アジアを中心とする新たな販売市場を獲得するに至った。

1 長崎貿易と有田焼輸出

　日本における陶磁器輸出の始まりは，17世紀後半における古伊万里・柿右衛門の輸出である。佐賀藩は朝鮮陶工による磁器生産の成功を受けて，泉山陶石（陶磁器生産に用いる原料岩石）による集中的な生産を有田で実施する体制を整え，有田皿山（地名）に代官所を設けて有田の技術が域外へ流出することを防止しようと考え，国内唯一の磁器産地として海外向け輸出品の生産を奨励した。明朝の後退を受けて有田焼の輸出がアジア・ヨーロッパ方面で可能となり，主に美術陶磁器である大皿や碗皿の製造に力を入れた。有田では国内向けの日用食器に加えて，海外向けの美術陶磁器を量産するようになり，長崎を通じたアジア向け陶磁器輸出が東インド会社を通じて行われた。磁器は呉須（磁器の染め付け顔料）の下絵付による染付製品が日用品を中心としたものであったが，柿右衛門や古伊万里などの上絵付を施した豪華絢爛な製品が多数登場し，中国の貿易陶磁と同じく高級な美術陶磁器として有田焼が海外へと輸出された（前山博　1990年）。

　これらの動きは18世紀までのオランダ東インド会社を中心とした時代だけでなく，19世紀に入って新たにアジア市場へ参入して来た欧米諸国に対する陶磁器輸出において継承された。清朝時代の貿易陶磁が上絵付を中心とした新たな高級陶磁器市場を形成したため，幕末期の日本でも，真っ先に中国の色絵

磁器を模倣した輸出陶磁器を長崎において大量に販売するようになった。開港によって外国商人との居留地貿易が盛んになると，佐賀藩の「異国向陶器仕組」に基づき，有田の貿易商人であった久富与次兵衛に続いて田代紋左衛門が中国向け陶磁器輸出の分野で頭角を現した[1]。彼は，平戸藩の三河内地区で製造した磁器の素地を用いて，有田でそれらに上絵付を行った「肥碟山」様式によるオリジナルブランドを開発し，貿易商人による高級陶磁器生産がスタートした。田代屋は上海や香港にも支店を開き，維新期に入ると横浜にも貿易拠点をおいてアメリカ向け陶磁器輸出の端緒を開いた（中島浩気 1936 年）。

　有田の貿易商人は田代屋以外に続き，有田の窯焼（窯元）であった深川栄左衛門や深海墨之助が参加して長崎での陶磁器輸出が本格化し，長崎貿易はますます活況を呈した。幕末期に佐賀藩はパリ万博へ参加して有田焼を出品，海外の最新技術を導入する機運が高まり，1870（明治3）年には佐賀藩が長崎にいたドイツ人技師のG. ワグネルを有田へ招聘して，西洋の製陶技術を伝授させた。同様に佐賀藩はグラバー商会と提携して高島炭鉱の開発に乗り出しており，石膏型や石炭窯などの技術・技法を積極的に導入する一方で，幕末期に長崎で活躍した大隈重信や石丸安世を通じて，深川栄左衛門などの窯焼が維新政府から通信用の低圧碍子を大量に受注した。これら量産に対応した画期的な西洋の製陶技術を積極的に導入することで，次第に有田焼は近代陶磁器や産業セラミックスの分野で先駆的な役割を果たすことになり，近代陶磁器会社設立への動きへとつながった。

　ワグネルはその後京都，そして東京へ移動し，お雇い外国人として東京大学理学部の教員となる人物であったが，とりわけ近代窯業技術の指導に力を入れ，有田では辻勝蔵や深海墨之助などの窯焼に対してコバルトの利用や西洋のデザインの応用による近代陶磁器の製造方法を伝授し，日本の洋食器開発にも大きな影響を与えた。田代屋や深川家は横浜に拠点をおいて有田焼の輸出に尽力し，同時に幕末期より本格的に磁器生産を開始した九谷・瀬戸などの陶磁器業者が万国博覧会への出品に乗り出し，横浜や長崎，神戸で積極的に外国人へ日本の

陶磁器を売り込んだ。1873（明治6）年にワグネルが随行して参加したウィーン万博では，有田の窯焼も参加して高級有田焼の出品とそれらの販売に従事しており，伝習生として陶磁器の分野では佐賀県小城出身の納富介次郎(のうとみかいじろう)と有田出身の川原忠次郎がオーストリアの陶磁器工場で最新の工場設備に直接触れ，あわせて陶磁器デザインの重要性や量産技術導入の必要性を痛感し，帰国後模範工場となる江戸川製陶所の経営にあたった。

輸出陶磁器の分野では，西洋人が好んで用いた美術陶磁器としてコーヒーセットや絵皿など，日本的なモチーフを用いた製品を次々と製造して外国人居留地の外国商人へ売り込むという販売活動を展開しながら，有田の貿易商人はヨーロッパ地域や中国，アメリカ方面へ有田焼を輸出することで顧客の獲得に力を入れた。海外では実用食器として洋食器の生産と販売にエネルギーを投入しており，日本では洋食器生産や日用洋風食器の開発に力を入れつつも，有田の窯焼は和食器の製造方法を踏襲する形で引き続き美術陶磁器の生産にも従事し，有田商人も貿易を通じた順調な発展が期待されたのである。日本の陶磁器輸出は当初居留地内で売込商を通じて販売活動を展開しており，次第に海外への直輸出に乗り出すためにも，万国博覧会への出品を通じて新作の高級陶磁器をもち込み，海外へと各種陶磁器の情報発信を行った。幕末維新期における日本陶磁器は欧米産陶磁器と比較しても美術陶磁器の分野でアドバンテージが高く，一方で洋食器の分野では，未だ開発のスタートラインに立ち始めた状態にあった。

2 近代陶磁器企業の設立

美術陶磁器を中心とした日本陶磁器の輸出拡大を狙って，明治維新期にはワグネルや納富介次郎が陶磁器産地における近代陶磁器のデザイン開発に力を入れ，とりわけ有田ではフィラデルフィア万博への出品を目的として1875（明治8）年に合本組織香蘭社を設立し，起立工商会社(きりゅうこうしょうかいしゃ)を通じたアメリカ方面への

直輸出へと乗り出した。有田窯焼の深川栄左衛門が社長となり，同じく近代陶磁器の生産に着手した辻勝蔵や深海墨之助，有田商人の手塚亀之助が社員となり，国内最初の本格的な近代陶磁器企業が有田皿山に誕生した。「合本組織」というのは，会社制度は未だ不十分な中で，合資会社あるいは株式会社として共同出資による合同企業を設立したことを意味し，各家の工場をそのまま踏襲しながら，それぞれの工場が独立採算の方式に基づいて各家商品の共同販売を実施する企業として誕生したのである。製品のデザインや製造方法をオルガナイズする形で香蘭社の製品デザインや製造方法の統一がなされ，製品には香蘭社を示す「蘭」の印と窯焼名のマークを入れた[2]。

香蘭社と同様の共同企業が有田には次々と誕生したが，維新期の発足当初以来，近代陶磁器企業として存続し続けたのは香蘭社のみであった。香蘭社はさらに1878（明治11）年のパリ万博へ出品してリモージュ式蒸気機関をもち帰るなど，西洋式工場へと形を変えつつあったが，従来の美術陶磁器の製造を中心に事業を進めるべきであるとする深川社長の考え方に対して，ニューヨークに販売拠点をおいた起立工商会社で洋食器を受注し，宮内省向け洋食器や海外市場向けディナーセットの開発を目指す企業へと転換すべきであると深海・手塚両家が主張したため，まもなくして香蘭社は分離した。維新期に日本の生糸や茶の直接取引を実施した起立工商会社は，陶磁器輸出の将来性に着目して香蘭社にアメリカ向けディナーセットの試作を依頼し，香蘭社分離後は大隈重信・久米邦武などの政府要人がバックアップを行い，深川家以外の3家が中心となって合資会社方式に基づく精磁会社が誕生した。

辻勝蔵の工場に設備を一本化することによって，精磁会社は合資会社としての体制を整えて1879（明治12）年に発足し，無限責任の社員として川原忠次郎と深海竹治が加わり，海外商社向け洋食器の開発に着手した（松本源次1985年）。フランスに渡った川原忠次郎はリモージュ式製陶機械一式を購入することを主張し，蒸気機関を用いた製陶機械一式による洋食器の一大生産工場を建設しようと試みた。石膏型による大型の洋皿，そして各種洋食器の生産設

備を備えた一貫工場を有田に設置した功績は大きく，以後香蘭社や深川製磁，辻合資会社，有田製陶所（戦後の有田タイル）などの大工場で，洋風食器や硬質陶器の生産を拡大するための製陶機械を次々と導入した。明治期の有田で洋風食器生産を試みるうえで導入されたのはフランスのリモージュにおいて採用された美術的洋食器の技術であり，有田が美術陶磁器産地として発展する上での重要な条件となったと考えられる（寺内信一　1933年）。

　一方，香蘭社分離後は深川家が香蘭合名会社として横浜・神戸・長崎を拠点に海外へ向けて美術陶磁器を大量に輸出し，1883（明治16）年のボストン博覧会ではアメリカ向け輸出で日本商会を通じた現地での直輸出を展開した。ヨーロッパに続き，工芸品的要素が強かった日本の美術陶磁器がアメリカでも好評を博し，香蘭社に続いて森村組がニューヨーク支店を通じて美術陶磁器を次々と輸出するようになり，アメリカ市場における日本陶磁器の取扱量は急増した。1889（明治22）年のパリ万博，1893（明治26）年のシカゴ万博でも，有田焼だけでなく薩摩焼・九谷焼・瀬戸焼などの美術陶磁器が多数出品され，ジャポニズムを中心とした美術工芸品として評価された日本陶磁器は海外で数多く取引された。香蘭社は国内での碍子（絶縁器具）需要の拡大に伴って碍子生産の比重を急速に高め，美術陶磁器とともに低圧碍子の量産体制を築いて行った。香蘭社初代社長の八代深川栄左衛門が亡きあと，九代深川栄左衛門や深川忠次が香蘭社・深川製磁会社の社主としてそれぞれ美術陶磁器メーカーの経営を継続しており，万博への出品をはじめ，内国勧業博覧会における出品などで美術陶磁器の改良を進め，有田の近代陶磁器を国内市場へと広める役割を果たした。

　有田では納富介次郎や江越礼太（えごしれいた）が英学による経済学の知識を有田の陶磁器業者へと伝授し，経倫舎で明治期に活躍することになる若手の技術者や経済人を育成した。1881（明治14）年には江越礼太が有田陶器工芸学校（勉脩学舎）の校長となり，陶磁器デザインに加えて窯業の科学技術を教え，優秀な工芸デザイナーや近代陶磁器の製法に通じた技術者を養成した。1895（明治28）年以降は有田徒弟学校・佐賀県立有田工業学校として納富介次郎・寺内信一両校長が

美術陶磁器のデザインや石炭窯などの近代陶磁器技術を有田で導入するうえでの重要な契機を提供した。同じく美術陶磁器を生産した京都でも近代陶磁器会社の設立に強い期待が寄せられ，1887（明治20）年には京都陶器会社を設立してリモージュ式機械を導入し，石炭窯を用いた硬質磁器生産を試みたが，素地開発の問題に加えて，職工が製陶機械の操作方法に不慣れな状態が続き，十分に成果が上がらないまま，経営管理面での失敗により，京都陶器会社はまもなく解散した（藤岡幸二 1962年）。

1881（明治14）年に東京職工学校の陶磁器瑠璃工科の主任教授として着任したG. ワグネルは，後に日本陶磁器業の近代化を推進することになる数多くの技術者を育成した。なかでも九谷陶器会社の創設者の子息であった飛鳥井孝太郎は同志社波理須（ハリス）理化学校の教員として京焼の近代化に貢献し，後に森村組技師として瀬戸に入り，洋食器素地の改良と石炭窯焼成実験に成功し，1904（明治37）年には森村組が創設した日本陶器合名会社の工場長として硬質磁器生産を本格的に開始した。1895（明治28）年に誕生した京都市陶磁器試験所では，藤江永孝所長が京都陶器会社解散後，京焼の陶磁器業者に対して近代陶磁器技術を指導しつつ，石炭窯焼成実験や釉薬研究を継続した。これら近代陶磁器技術の研究・開発を通じて，京焼は美術陶磁器から硬質磁器までの幅広い分野で対応できる技術の基礎を培うことができた。京都陶器会社の職工であった瀬戸出身の松風嘉定は京都陶磁器試験所で石炭窯焼成実験に立ち会い，自ら硬質磁器技術を実用化することで松風陶器を設立し，1906（明治39）年には一貫生産工場を建設して特別高圧碍子の量産を開始した（藤岡幸二 1930年）。

東京職工学校，そして後身の東京工業学校・東京高等工業学校は陶磁器瑠璃工科やそれに続く窯業科において数多くの窯業技術者を育成し，日本の近代陶磁器企業の経営や技術導入の担い手となる人物を輩出し続けた。有田出身の松村八次郎[3]は1900（明治33）年のパリ万博に参加して石炭窯焼成技術を現地で学び，1902（明治35）年には松村式石炭窯の焼成実験を香蘭社や辻合資会社で実施して石炭燃料を利用したコスト削減や焼成温度の上昇にも成功し，松村

式石炭窯は美濃地方を中心に1910年代以降急速に普及した。また松村八次郎は父の松村九助とともに松村硬質陶器会社を設立して名古屋で硬質磁器技術を用いた洋食器生産へと乗り出し，その後森村組が日本陶器合名会社を設立するなど，名古屋が洋食器生産の中心地となり発展を続けた。

　硬質磁器技術の導入は輸出用洋食器生産において不可欠な要素であると同時に，硬質磁器技術の普及を通じて国内への碍子供給や新しい陶磁器製品の開発が可能となり，とりわけ日本陶器や松風陶器などの巨大メーカーにおける経営の多角化が大正期以降進展した。日本陶器では明治40年代に特別高圧碍子の生産を開始して碍子メーカーとしても重要な役割を果たし，日本陶器の工場長となった有田出身の江副孫右衛門の経営が高く評価されるようになり，1919年（大正8）に日本碍子株式会社として分離独立した[4]。日本陶器の初代社長となった大倉和親は衛生陶器の研究を開始して東洋陶器株式会社を北九州に設立し，国内用衛生陶器とアジア市場向け洋食器の生産工場として経営規模を順次拡大した。また佐賀県有田では，内装用タイルの生産を軌道に乗せた辻合資会社が外装用タイルの大工場を大阪商人であった和久栄之助とともに建設し，

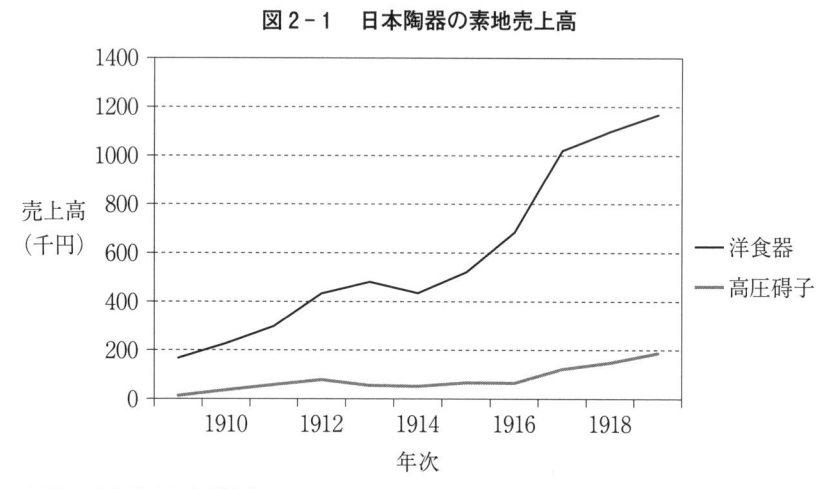

図2-1　日本陶器の素地売上高

出典）日本経営史研究所編『日本ガイシ75年史』1995年，p.30

1910（明治43）年に有田製陶所を設立した。

　日本における近代陶磁器企業の設立は，海外向け美術陶磁器の生産メーカーとして誕生したが，洋食器生産へと技術的な発展をみせるなかで森村市左衛門が積極的に硬質磁器技術の導入を進め，国内向け碍子の生産や都市消費者向けの高級美術陶磁器の生産を開始し，アメリカ市場向け洋食器生産をリードする日本陶器合名会社が日本の陶磁器業界を牽引する役割を担った[5]。現在のノリタケグループを形成した森村組では東京工業学校出身の技術者や経営者を多数擁し，名古屋を中心とする海外向け洋食器の一時代を築き上げた。一方で有田や京都などの美術陶磁器生産を継続した伝統産地では，デザインや製造技法について指導する陶器工芸学校を設立して技術者やデザイナーなどの開発部門を担当する経営者層を育成する役割をも果たし，碍子やタイルなどのセラミックス製品を生み出すなど，引き続き近代陶磁器の分野を中心に企業レベルでの革新が進み，日本陶磁器業の発展に大きく寄与した。

3　洋食器輸出の拡大とアジア市場

　日本の陶磁器輸出は，幕末維新期のヨーロッパ市場に続いて，アジア市場やアメリカ市場においても顕著に発展し，陶磁器業が日本の主要な輸出産業部門として成長を遂げた。その重要な契機となったのが名古屋における硬質磁器メーカーの登場であり，江戸時代までは瀬戸焼や美濃焼の集荷を担う陶磁器商人の活動拠点であった名古屋が輸出産業として発展を遂げるなかで上絵付の製品加工を実施する生産拠点となった。名古屋には輸出加工業を営む貿易商人が明治期に数多く誕生しており，森村組の他，有田で貿易業を始め，横浜に販売拠点を置いた田代屋（田代支店，後に田代商店）や滝藤万次郎が名古屋で上絵付を開始して，欧米方面へ洋風デザインに基づいた美術陶磁器を大量に輸出した。森村・田代・滝藤家などは自家工場に加えて下請部門となる各地の絵付工場に上絵付作業を外注し，アメリカ向け輸出陶磁器を中心にヨーロッパやアジアへ

の輸出品についても順次レパートリーを拡大した（日本輸出陶磁器史編纂委員会編　1967年）。

　名古屋での陶磁器生産が拡大したのにともない，瀬戸焼や美濃焼が名古屋の加工業者に対して素地を供給する機能を有するに至り，とりわけ瀬戸では，名古屋の輸出陶磁器に用いる素地の生産を拡大しながら窯屋（窯元）の生産規模が急速に拡大し，海外向け美術陶磁器の大量生産を支え続けた。明治後期には石炭窯の導入と素地の改良を通じて洋風食器の素地開発に成功し，名古屋の加工業者へ洋食器の素地を大量に供給する役割を果たした。名古屋での日用陶磁器生産が拡大することにより，アメリカ市場に続いてアジア市場での陶磁器販売額が増加し，アジア市場をターゲットにした製品の開発が瀬戸・美濃で進められた。中国や朝鮮の市場へは有田焼が明治期から数多くもたらされ，商人が陶磁器を現地で直接販売する方式がとられたため，瀬戸焼や美濃焼についても大阪の陶磁器商人を通じて次々と輸出されるようになった。美濃焼の窯屋も石炭窯を導入することで硬質磁器の生産を拡大し，大型の日用陶磁器を独自に開発して中国や朝鮮の市場へもち込み，輸出陶磁器の生産量を拡充した。

　陶磁器輸出の拡大によって，名古屋・瀬戸・美濃の陶磁器生産は1900年代以降急速に拡大して日本の陶磁器輸出の中心的産地となり，国内消費者向けの美術陶磁器を供給した有田・京都とは対照的に，名古屋・瀬戸・美濃は海外向け日用陶磁器生産に特化することで生産量を増加させながら，国内市場においても安価で堅牢な日用陶磁器を多数供給する中心的産地として成長を遂げたのである。このような硬質技術の革新と海外市場の発展にともなって，アジア市場へ洋食器を供給する巨大メーカーが登場した。京都の松風嘉定は，九谷焼生産の中心地となった金沢に誕生した日本硬質陶器株式会社の経営に参画し，石川県出身の藤江永孝や北村弥一郎の指導を受けて，アジア市場向け洋食器の輸出拡大に取り組んだ（藤岡幸二　1930年）。続いて衛生陶器メーカーとして大正期に誕生し小倉に工場をもつ東洋陶器株式会社も洋食器生産を開始してアジア市場向け洋食器を開発した。

表2-1　東洋陶器の売上高（1917-1928）

	衛生陶器	硬質磁器	硬質陶器
1917	10,257		
1918	79,545		
1919	108,318	156,293	
1920	94,819	371,346	
1921	93,995	472,473	
1922	247,595	433,068	93,044
1923	277,213	453,004	181,460
1924	392,376	481,825	371,894
1925	374,581	393,063	538,199
1926	446,170	478,134	468,718
1927	533,541	392,211	452,010
1928	641,922	426,797	502,664

　森村組が設置した福岡県の東洋陶器は1919（大正8）年以降欧米向けの洋食器を生産して衛生陶器以上の勢いで売り上げを伸ばし，同社の主力事業として洋食器生産を柱の一つとした。アメリカ向け輸出品については日本陶器との競合が生じたため，1921（大正10）年に東洋陶器の硬質磁器をすべて国内向け製品として転換し，新たに硬質陶器の生産を開始して東南アジア向け輸出品の量産を開始した。東洋陶器では日本で他社に先がけてトンネル窯による焼成方法を導入し，アジア向けの洋食器を主力製品として陶磁器生産の拡大を進め，国内市場の発展をふまえ，和食器をはじめとする国内向け磁器の生産に加え，衛生陶器の増産を続けながら1920年代に経営規模を拡大した。

　海外市場では，美術陶磁器から日用陶磁器へと日本陶磁器の主要なレパートリーが20世紀以降大きく変化した。アジアの経済成長が20世紀の時代に顕著となり，日本の陶磁器に対する需要が着実に拡大したことによって，アメリカ市場に続いてアジア市場においても，日本の陶磁器メーカーが量産する洋食器を中心とした日用陶磁器の消費量が急速に増大し，昭和期以降も日本陶磁器業

は世界市場を舞台として飛躍的に発展することができたのである。

注）
1）山田雄久（1996）「徳川後期における肥前陶磁器業の展開―佐賀藩領有田の事例を中心に―」(『社会経済史学』61-1) を参照。
2）山田雄久（2008）『香蘭社130年史』株式会社香蘭社を参照。
3）1902（明治25）年に西山八次郎（後に松村と改姓）は『窯工会誌』を発刊して後に『大日本窯業協会雑誌』となる中心的な業界雑誌を編纂し，最新の陶磁器技術や全国の陶磁器産地の情報を各地の陶磁器業者へと伝達した。
4）森村グループの企業経営については，日本陶器株式会社（1974）『日本陶器七十年史』を参照。
5）大森一宏（2008）『森村市左衛門』日本経済評論社を参照。

参考文献
寺内信一（1933）『有田磁業史』陶器全集刊行会
中島浩気（1936）『肥前陶磁史考』肥前陶磁史考刊行会
日本輸出陶磁器業史編纂委員会（1967）『日本輸出陶磁器業史』財団法人名古屋陶磁器会館
藤岡幸二（1930）『松風嘉定』自費出版
藤岡幸二（1962）『京焼百年の歩み』京都陶磁器協会
前山博（1990）『伊万里焼流通史の研究』自費出版
松本源次（1985）『有田陶業側面史：松本静二の生涯（上）明治編』麦秋社

近代紡績企業の成立と発展

第 3 章

はじめに

　日本の産業革命をリードした産業部門である紡績企業は，薩摩藩による紡績技術の導入と普及により，明治維新期にいち早く工場設備を整え，製造企業としての基礎を築き上げた。そこで，本章では戦前期における日本の代表的産業として発展を遂げた綿紡績企業の設立と発展について取り上げ，日本における近代的産業の成長と近代企業設立の意義について考えてみたい。日本の綿工業は産業革命を進めるうえでの中心的なセクターであり，さらには近代的経営を発展させる上で，海外市場や海外での現地生産に着目した事例として，真っ先に取り上げられる産業分野であった。江戸時代以来の紡績技術を踏襲しながら，近代的な紡績業として大阪を中心に発展したため，大阪はイギリス紡績業にちなんで，「東洋のマンチェスター」と称された。

　ここでは，戦前期日本における代表的産業のひとつとして成長した綿工業の動きについて，綿紡績や綿布生産の側面から検討し，近代紡績業における経営革新と近代的経営管理の発展について，大阪紡績会社や鐘淵紡績会社の事例から紹介する。日本では幕末維新期の殖産興業政策を受けて，企業勃興期に本格的な欧米型紡績企業として発展した上記2社の動きから，経営上の工夫や日本的経営の要素となるさまざまな経営管理方法がいかなる形で生まれてきたのか，また紡績企業の経営を担った山辺丈夫や武藤山治による経営理念や戦略的意思決定がいかなるものであったかを具体的に検証し，日本紡績業発展の要因について説明する。経営家族主義など独自に近代企業経営を展開した紡績会社の経営から，時代の変化に対応した経営戦略を導出する経営者や，大企業組織の運

営に必要な経営管理の理念について取り上げる。

1 近代紡績技術の導入

(1) 薩摩藩による技術導入

　18世紀後半のイギリスで成立した綿紡績業においては，19世紀に同国の植民地であったアメリカやインドへ紡績技術が伝播したのに続いて，東アジアへと近代的産業の技術として伝えられた。幕末期の日本では，西洋技術の導入に積極的であった薩摩藩の島津家が，1867（慶応3）年にイギリスから紡績機械を輸入して試運転を開始することに成功した。これはグラバー商会を通じてイギリスへ密航した薩摩藩士の新納刑部・五代友厚が現地で紡績工場を視察し，紡績機械を同国のプラット社から購入して鹿児島へ送り届け，操業を開始したものである。当時徳川幕府がパリ万国博覧会への参加を決定したことに呼応して，薩摩藩も万博に参加し，領内の産品を出品することによって工業国へ仲間入りすることをアピールした。西洋技術の導入や近代産業の育成については，徳川幕府とともに万博へ参加した薩摩藩や佐賀藩は，とりわけ近代工場の建設へと積極的に取り組んだことを海外の諸国へ印象付けたのである。

　薩摩藩における開成学校の教授で，工業や航海術を教えていた洋学者の石河正龍は，西洋紡績技術の導入を強く主張し，薩摩藩の紡績工場経営を幕末期にいち早く軌道に乗せた[1]。設立当初，鹿児島紡績所の設計についてはプラット社に依頼し，ミュール紡績機を用いた最新式の紡績工場を経営するためにも，所長としてイギリス人技師のイー＝ホームや，汽鑵部・混打綿部・梳綿・粗紡・堅針・斜針の監督者6名をイギリスから呼び寄せ，近代紡績工場の操業を開始した。同時に鹿児島紡績所には，ベリスフォード社の製織機を百台設置し，ここに日本で最初の蒸気機関に基づく紡績工場が誕生した。工場で用いる原綿は，国内の大阪や広島方面から購入して用いることとなり，生産されたミュール糸については大阪市場での取引が行われた。

このような一連の薩摩藩による活動を経て，畿内の出身であった石河正龍による建言もあって，綿糸の増産と織物工場への供給を目的とする殖産興業政策の重要性が島津家においても強く認識されることとなり，鹿児島紡績所に続いて分工場である堺紡績所を設置した。当時の堺は，主要綿花産地であった泉南地方の綿製品が多数集まる場所であり，原綿の確保と同時に，大阪の織物産地であった泉州へ綿糸を供給することが可能な地域であった。1867（慶応3）年には，堺に薩州商社の敷地として工場の建設地を確保し，堺紡績所建設の内命を受けて，1869（明治2）年に機械式工場の建設を開始した。イギリスで購入した紡績機械は鹿児島で組み立てた後で堺へと移送され，1870（明治3）年に堺紡績方掛となった五代友厚の指揮下で，来阪した鹿児島紡績所の職工とともに工場の操業を開始した。その後，堺紡績所は1872（明治5）年に大蔵省勧農寮によって買い上げられ，紡績企業の設立を奨励するための模範工場として，紡績工場の関係者へと公開された。

(2) 内務省の紡績業育成策

　明治政府は1870年の工部省設置に続き，1873（明治6）年に内務省を設置して繊維関係の殖産興業政策に着手した。勧業寮を中心に，技術導入や工場設立による近代産業の育成策を推進し，紡績業を通じた本格的な近代産業育成についても重視する立場をとった。日本の産業を育成するための内国勧業博覧会や共進会などを開催し，農業と同時に工業を発展させることによって「貿易上輸出ヲ盛大ニシ輸入ヲ防禦スル」ための「輸入防あつ主義」に基づく国内産業育成に力点がおかれた（岡本幸雄　1995年）。維新期の日本では，近代紡績技術によって製造されたイギリス糸やインド糸の輸入量が増大したため，日本の綿織物産地へこれら輸入綿糸を次々と供給する状態となり，国策的な見地からしても，輸入綿糸を代替することを目的とした国産綿糸の生産がきわめて重要な政策課題として浮上した。内務省を創設した大久保利通は，以後綿紡績業の奨励にも力を入れ，配下の松方正義や前田正名などの尽力により，官立模範工場

の建設や十基紡機の年賦払下げ、さらには輸入紡機代金の立替払いといった紡績振興策を次々と立案していった。

なかでも内務省勧業寮で活躍した薩摩藩出身の石河が1874（明治7）年に堺紡績所で17番、18番、19番手の紡出に成功し、その後明治政府は鹿児島・堺・鹿島の「始祖三紡績」に続いて、国内の紡績工場建設に対して意欲をみせ、1878（明治11）年に大久保は紡績工場設置の上申書を提出した。大久保暗殺事件の後、伊藤博文が工部卿を辞職して内務卿に着任し、イギリスからミュール紡績機2千錘を2基購入することで、官立の愛知紡績所・広島紡績所を設置した。広島紡績所は広島綿糸紡績会社へ払い下げされ、愛知紡績所が唯一の官立紡績工場として経営された。1881（明治14）年には愛知紡績所の大規模工場が竣工し、設計官の石河による指揮に基づき、動力に陀螺水車（独楽型水車）を利用する模範工場が誕生し、内国綿によるミュール糸の生産を本格的に開始した。

2 大阪紡の設立

(1) 1万錘紡績の誕生

1879（明治12）年に政府は起業基金22万9,450円を投じて2千錘紡績10基をイギリスに発注し、それらを「十基紡」と呼ばれる国内の紡績所へ払い下げた。これらの紡績工場は内国綿に中国綿を混ぜ合わせた「混綿」と呼ばれる方法で原料を確保し、国内の綿織物産地へ供給するための綿糸生産を主眼として設立された。「十基紡」のひとつである三重紡績所（以下、三重紡）では、先に明治8年に購入した「手廻はし米紡機」と合わせて、九代伊藤伝七がミュール紡績機の導入を決意して、1882（明治15）年に水力動力を用いた二千錘紡績の操業を開始した。その息子である十代伝七は、堺紡績所で見習いとして研究に従事し、技工男女取締規則や工場規則を制定した。1884（明治17）年には新たに動力として蒸気機関を導入すると同時に、その翌年には昼夜制による職工の管理と育成にも尽力して、近代的な経営管理へと乗り出した[2]。

2千錘紡績を払い下げられた十基紡は当初経営的に厳しい状態が続いたが，その理由としては，未だ実験的な工場生産に終始していて，堺紡績所や愛知紡績所などの模範工場をモデルとした生産活動の段階に留まっていたことが理由として挙げられよう。2千錘紡績という生産規模自体，イギリスの紡績業と比べると，見劣りがする技術的レベルにあったことが想定できる。このような2千錘紡績の経営とは異なり，株式会社方式に基づき，多額の資金導入に基づく大規模紡績工場の建設計画が渋沢栄一の提唱によって進められた。第一国立銀行頭取として，渋沢は紡績事業の振興が国家緊急の課題であると認識し，1万錘規模の紡績工場を建設することによって輸入綿糸に対抗しうる国産綿糸の量産体制を整えることが急務であると考えていた。鉄道会社設立に用いられた華士族の資金を紡績業へ投入することを目的に，東京の綿糸商をはじめ，大阪財界の藤田伝三郎・松本重太郎，華族からは蜂須賀・前田・毛利・亀井・徳川・伊達・西園寺・井伊家など，実業家からは益田・大倉・藤田・松本・住友・五代・山口・薩摩・渋谷・秋馬・金沢家などから賛同を得ての資金を集めることに成功し，1882（明治15）年，念願の大阪紡績会社（以下，大阪紡）が日本の紡績業のセンターとなる大阪の地に誕生した。

(2) 大阪紡の経営革新

巨大工場として建設された大阪紡では，外国人技術者に頼るのではなく，日本人の経営者として山辺丈夫を採用し，1879（明治12）年にイギリスの紡績工場への視察を命じた。彼自身の専門であった経済学に加え，紡績技術の研究にも身を投じてマンチェスターでの工場見習いに従事した。山辺は津和野藩の出身で，西周の洋学塾や大阪の慶応義塾分舎で英学を学び，津和野藩主亀井家に仕えた人物であった。職工としてミュール紡績機の操作方法をはじめ，原料から完成品に至るまでの生産工程，そして原料買入や製品の販売方法までを理解しながら，紡績工場経営の基礎をイギリスで直接学んだ。水力による紡績糸生産を検討したところ，1万錘の紡績機械を安定的に動かすための水力が日本国

内では容易に得られないことから，三井物産を通じてハーグリーブス製の原動機を輸入し，1883（明治16）年に山辺が工務支配人となり，1万5百錘のプラット社製紡績機を本社工場内に設置した。また，桑原紡績で実施していた徹夜業を模倣して産額の増加を図り，石油ランプによる照明を実現して本格的な工場生産を開始した。

夜間操業のための照明研究を行った結果，電灯を使用することで夜間における紡績機の運転が可能となると判断し，大阪紡では全国の紡績工場に先駆けて昼夜二交代制による生産性の向上へと乗り出した。工場の拡張によって事業分野の拡大を目論んだ大阪紡は，1887（明治20）年にリング紡績機を導入して6万1千錘の規模まで拡大し，1号工場平屋煉瓦造（ミュール16台1万5百錘），2号工場3階建煉瓦造（ミュール23台1万6千8百錘，リング15台4千2十錘），3号工場4階建煉瓦造（ミュール80台3万錘）を有する大工場を建設したのである。発足当初のミュール紡績機に加えて，以後アメリカで導入が進められたリング紡績機の導入と活用にも積極的であった大阪紡は，最新の設備を次々と導入しながら経営規模の拡大を図り，欧米の紡績業に対抗するための生産能力を備えた。

(3) 混綿技術と兼営織布

大阪紡は発足当初，男女6百人の職工で操業を開始し，混綿から糸継ぎまでの工程を手作業で行い，それらの作業に習熟する多数の職工を養成した。熟練作業に従事する職工を確保する過程で，近隣に存在した摂津紡績会社（以下，摂津紡）との間で職工の引き抜きが生じ，早くも職工争奪の問題が発生した。初期の工場ではミュール紡績機の操作を男女職工の双方が担当し，打綿，粗精紡，綛場にそれぞれ台持男女工，付属男女工を置いて，紡績機10台ごとに主任が監督を行う態勢を整えた。大規模の紡績工場では生産活動を遂行するための経営組織を編成することにより，綿糸の大量生産に対応した職工労働力の管理・運営に力を入れたのである。また，日本紡績業の発展において，国産綿花のみでは十分に原料を確保できないことは明らかであったため，1888（明治

21) 年には大阪紡の副支配人であった川邨利兵衛[3]を中国・インド方面へ派遣して原料綿花の調査を進め，他社に先駆けてインド綿花を導入することに成功して，「混綿」による生産効率の上昇とそれに伴う品質面での改善にも努力を重ねた。1884年に開催された綿糸共進会では，既に大阪紡が洋17番手を出品しており，インド綿を導入して和紡から洋紡への転換を進めたことにより，1891（明治24）年には20番手を紡出して国産綿糸の中国向け輸出にも初めて成功し，明治20年代の大阪紡は増錘による生産量の拡大にも大きく乗り出した。

1892（明治25）年には大阪紡の本社工場が焼失したため，「災い転じて福となす」べく，山辺は一気に最新式のリング紡績機を大量導入することを決意し，発足当初のミュール紡績機中心の経営から，リング紡績機を主体とした生産へとスムーズに転換した。1890（明治23）年には大阪織布会社を買収して綿布生産を兼営しており，大量に生産した綿糸の販売が滞った場合にも対応できる柔軟な経営部門の体制を整えるようになり，1900（明治33）年には米国の最新式織機500台を導入して兼営織布の部門を拡充することで，日本における模範的紡績工場として評価を受けて，以後の1万錘紡績企業の拡大・発展に大きな影響を与えた。リング紡績機の大量導入によって大阪紡の営業成績は年々向上し，紡機1錘1時間あたりの製糸高の改善，さらには営業コストの削減にも成功しながら，高収益による一層の市場拡大が可能となった。同時に大阪紡ではリング紡績機の操作を担当する女工の割合が高まり，上記の昼夜二交代制・混綿技術・リング紡績機導入・女工の活用といった大阪紡における革新的な経営管理が他の紡績会社の経営へと波及し，その後の企業家による紡績会社設立の動きにつながった。

3 鐘紡の経営と武藤山治

(1) 鐘紡の経営改革

大阪紡の設立に続いて，明治20年代には各地で紡績会社の設立が相次いだ。

東京では，東京繰綿問屋組合が中心となって，1886（明治19）年に東京綿商社が誕生した。同社の社員は中国綿花の定期取引や愛知県の綿花改良を進めていたが，国産綿糸の生産が必要と考え，増資によって1888年に鐘淵紡績所（以下，鐘紡）を設立し，リング紡績機3万錘を導入した大紡績工場を建設することで一気に生産性を高め，以後鐘ヶ淵紡績会社として本格的に生産活動を開始した。しかし1890（明治23）年の綿糸不況に直面したため経営が悪化し，三井銀行の融資を受ける事態となった。そこで三井に関係の深かった井上馨や中上川彦次郎の支援を得て，鐘紡の立て直しを図る方針が採用され，朝吹英二が鐘紡の専務取締役として三井工業部の事業を推進した。

　鐘紡の顧問には，東京商法会議所会頭の渋沢栄一と三井物産会社の益田孝があたり，1893（明治26）年には増資によって第二工場の増設を企図し，同時に東京本店支配人として三井銀行横浜支店の和田豊治，兵庫支店副支配人に三井銀行神戸支店の武藤山治が抜擢されて，鐘紡の経営管理部門における刷新を行った。昼業は午前6時半から午後6時半までの12時間，夜業は午後6時半から午前6時半までの12時間で，1週間ごとに昼業と夜業を交替して職工が作業にあたり，職工の工場定着率を高めるために社内貯金制度や保険衛生の改善を進めて勤労意欲を高めつつ，同年には綿糸の海外輸出を試み，上海・香港方面での綿糸販売を実施した。とりわけ鐘紡の主力工場となった兵庫工場では，武藤支配人を中心に日本人建築家が鐘紡独自の工場建設を進めて，日清戦争勃発後に芝浦製作所で製造された蒸気機関を導入する形で操業を開始した。

(2)　鐘紡の経営理念

　1892（明治25）年に三井物産との間で原綿の特約取引契約を結んだ鐘紡は，優良な原綿を安定的に確保することに成功し，混綿技術を駆使しながら武藤が「良品主義」を貫いて長期的利益の確保を目指した[4]。兵庫工場の事務所は簡素なものであったが，最新設備や寄宿舎・食堂・福利増進を目的とする諸施設を備えたモデル的工場として注目される存在となり，職制の整備に基づく雇用

の安定や職工の定着率の上昇に努めて，ヒューマニズムに基づいた細かい配慮もあって職工移動率の減少を実現することとなり，職工の熟練度を高め，かつ品質向上に向けた独自の経営的取り組みに尽力した。武藤は「目先の利益を求めず，長期的利益を求めるべきである」という観点から，紡績労働における低い勤続率などの雇用問題を解消し，同時に品質の維持向上を目指して科学的かつ合理的な管理方式を追求し続けた。すなわち「工場経済は修繕費を惜しまず機械の保全を完全にすること，之を扱う男女工を優遇し教育を施し，自然に進んでよく働くようにすることが工場経営の極意である」と考え，鐘紡の中上川会長・朝吹専務の考え方を経営レベルで実践することを目指し，共済組合制度の導入や職工学校の設置，呼吸器病の療養所の設置にも積極的に取り組んだ。

　これらの武藤による管理方法の工夫は，1912（大正元）年の鐘紡における「科学的操業法」，1915（大正4）年における「精神的操業法」の制定へとつながり，鐘紡のさらなる躍進につながったと評価できる。1900年代以降，武藤は工場の増設や他社工場の買収・合併を進め，急速に事業範囲を拡大しながら積極的経営の推進に力を注いだ。1899（明治32）年には上海紡績を合併，中国綿にインド綿をブレンドした原綿を用いて品質向上とコストダウンに努め，このような動きの中で強力に「紡績大合同論」を展開した（武藤山治　1901年）。中上川彦次郎が死去した後，三井の総帥となった益田孝も武藤の考えを支持し，鐘紡は地方の紡績所を次々と合併・買収しながら経営規模を急速に拡大したのである。

　経営規模の拡大に合わせて，武藤は1904（明治37）年に織布試験工場を建設し，織機100台を据え付けて翌年より兼営織布を本格的に開始した。鐘紡では豊田佐吉による国産力織機の試運転も実施したといわれ，兵庫工場に続く鐘紡の各工場でも織布工場を設置することにより，1916（大正5）年の鐘紡では12工場の織機数が合計6,769台を数えるに至った。

4 日本紡績業の発展とアジア市場

(1) 中国市場の発展と綿布輸出

　日本の紡績糸は，鐘紡や摂津紡などの先発紡績会社を中心に中国市場へと輸出され，それらの多くは綿花の輸入商社であった三井物産や内外綿など，直輸出をも担う日本の商社を通じて中国市場へともち込まれた。日清戦争後，綿糸は生糸に次ぐ日本の主要な輸出品となり，インド綿花の輸入と中国向けの綿糸輸出が日本の紡績業における基本的な貿易構造として定着した（高村直助1982年）。中国市場では，インド綿糸の輸入が大きなシェアを占めたことから，太糸の中でも16番手や20番手で日本の紡績会社は勝負をかけて成功をおさめ，日本綿糸はインド綿糸と並ぶ代表的輸入品として着実に中国市場でシェアを伸ばした。鐘紡や摂津紡が輸出太糸市場を独占するようになると，大阪紡や三重紡は兼営織布による粗布輸出で巻き返しを図り，インド綿糸やイギリス綿布の流入を凌ぐ勢いで中国市場での販売額を拡大しつつ，日本の直輸出商社を通じた海外での販路開拓に成功した。このようにして，中国市場ではイギリスに続いて日本が綿製品の主要な供給国となり，1910年代に入ると中国国内でも民族紡による綿糸生産が本格的に始まった。

　鐘紡では綿布需要の拡大を受けて，1906（明治39）年に絹糸・紬糸の京都工場を建設するとともに，1916（大正5）年には綿布の漂白・染色・捺染を目的とした淀川工場を建設，武藤専務は津田信吾を工場長に抜擢して綿布の加工部門へと進出し，鐘紡は東洋紡・大日本紡と並ぶ日本の三大紡績会社と称された。一方，大阪紡を模範として工場を拡張してきた三重紡は1893（明治26）年に2万錘規模の愛知分工場を建設して兼営織布に乗り出し，愛知分工場に織機400台を設置して綿布を主力商品と位置付けて，1900（明治33）年には織機100台を増設，津分工場にも織機600台を設置した。三重紡は1905（明治38）年には紡機9万錘，織機2,000台に及ぶ巨大工場を有し，同年に三重紡・尾張紡・名古屋紡の三社合併を実現した。以後も三重紡は企業合同を加速させて三

井物産を通じた中国・韓国市場の新規販路開拓に乗り出し，大阪紡と同様の手法でインド綿花を導入しながらコストダウンを図り，とりわけ製品の主力を20番手に特化することによって1910年代以降着実に売り上げを伸ばした。

　1914（大正3）年には大阪紡と三重紡の両社が合併することによって東洋紡績株式会社が誕生した[5]。同社社長の山辺丈夫，副社長の伊藤伝七は，一層の事業拡大を目指して海外市場の開拓を進め，1917（大正6）年には大阪紡二代社長であった松本重太郎の邸宅跡に本社を移転し，三重県下の工場を中心に紡織設備の拡充を進めた。中国における綿糸市場の拡大と綿布需要の増大を受けて，日本の紡績会社は兼営織布による事業の拡大に成功し，さらには中国国内に紡績工場を建設することによって，総合繊維メーカーとしての道を歩み始めたのである。

(2)　在華紡の発展

　中国での紡績工場建設については，1902（明治35）年に三井物産の出資を受けて設立した上海紡績会社が最初の事例となり，三井物産上海支店が中心となって運営にあたり，好成績を上げた。1908（明治41）年には上海紡績と三泰紡績が合併して上海紡織会社となり，1911（明治44）年には第二工場で力織機510台を導入，1914（大正3）年には第一工場で力織機270台を増設して約4万錘の新式紡績機を新設するなど，在華紡による綿糸・綿布生産が軌道に乗るにしたがって，三井物産の綿花・綿糸販売がますます重要な役割を果たすようになった。また大阪の商社であった内外綿も上海工場を建設して工業面での巻き返しを図り，最新の機械を導入しながら経営の刷新を図った。在華紡では，中国人労働者を日本に派遣して日本の労務管理方式を学ばせ，日本紡績業の技術レベルへと到達した中国国内での紡績企業が活躍する時代が訪れた。

　第一次世界大戦期にはアジアにおけるイギリス綿糸の輸入量が減少したため，日本の中国向け綿布輸出が急速に拡大し，中国市場に加えてインド・蘭領インド・露領アジアなどの新たな市場に対する綿製品の輸出量が増加した。日貨排

表 3-1　10 大紡の市場シェア（明治 40 年下期）

企業名（設立年）	国内市場			輸出市場	企業内市場
	太糸	中糸	細糸		
大阪紡績（1883）	6%	9%	0%	1%	29%
三重紡績（1888）	17	5	0	0	35
鐘淵紡績（1889）	20	19	0	29	1.5
摂津紡績（1890）	11	0	0	26	0
尼崎紡績（1891）	2	15	0	0	0
岸和田紡績（1894）	4	0	0	4	0
日本紡績（1896）	0	0	48	0	0
富士瓦斯紡績（1899）	1	11	45	0	8
大阪合同紡績（1900）	9	20	0	0	0
絹糸紡績（1907）	3	1	0	8	6
上位 10 社のシェア	74	82	93	68	80

出典）桑原哲也『企業国際化の史的分析』森山書店，1990 年，p.86

斥運動が激しくなるなかで，中国で活動する日系製造企業の商品については取引上の制限を加えられなかったことも影響して，在華紡の綿製品はボイコットの対象外とされたため，日本紡績業でも綿糸輸出から現地生産への方針転換を進め，中国の綿糸市場は一層の発展を遂げた。なかでも内外綿の営業成績はきわめて良好で，高配当を維持しながら固定資産の償却や内部資金の充実に努めた。第一次世界大戦期には第五工場の建設を計画し，最終的に第九工場の設置にまで事業の拡大を進め，19 万錘もの紡績機を有する中国最大の紡績企業へと成長した。

　以上のように日本紡績業は欧米技術の導入によって近代企業経営の管理組織を自ら作り出し，さらには重要輸出産業として中国における紡績工場の建設やアジア市場の開拓を通じて大企業体制による生産活動を次々と軌道に乗せた。20 世紀以降，日本は東アジアにおける綿工業の中心的役割を担い続け，第二次世界大戦後に至るまで巨大紡績企業による経営革新が日本の繊維産業の発展を導き，経営家族主義を中心とする日本的経営の理念やシステムの原型が形作

られたと考えられる。

注)
1) 鹿児島紡績所・堺紡績所の経営については，絹川太一（1937）『本邦綿糸紡績史第1巻』日本綿業倶楽部を参照。
2) 三重紡績所と大阪紡績会社については，前掲絹川太一『本邦綿糸紡績史』第2巻を参照。
3) 中国の綿花事情に詳しく，ボンベイのタタ商会を通じてインド綿花を試買し，大阪紡はタタ商会とのインド綿花一手取次契約を結んだ。後に内外綿会社がタタ商会との特約取引を譲り受け，川邨が内外綿会社の経営に参画することになり，同社頭取に就任した。
4) 鐘紡に関する記述については，鐘紡株式会社編（1988）『鐘紡百年史』を参照。
5) 中国市場における日本紡績業の動向に関しては，東洋紡績株式会社編（1986）『東洋紡百年史』を参照。

参考文献
岡本幸雄（1995）『明治期紡績技術関係史』九州大学出版会
絹川太一（1937）『本邦綿糸紡績史』第1～3巻，日本綿業倶楽部
桑原哲也（1990）『企業国際化の史的分析』森山書店
高村直助（1982）『近代日本綿業と中国』東京大学出版会
宮本又郎（2010）『日本企業経営史研究』有斐閣
武藤山治（1901）『紡績大合同論』大日本綿糸紡績同業聯合会

外資自動車企業の成立と発展　第4章

はじめに

　1930年代日本の経済発展が進行と歩調を合せ，日本が支配する地域は，拡大を続けていった。1932（昭和7）年には満州国建国が宣言されるなど，ダイナミックに成長し拡大している当時の日本は投資先として魅力的であったと思われ，外資企業に対日直接投資を促す強力な動機を生み出した。さらにこの時代の高い関税障壁は，外資企業に日本市場への参入については輸出による進出よりむしろ直接投資を選択するような状況を作り出していた。こうした状況が外資企業にとって現地生産を促進する強い動機を生み出した。つまり日本への事業活動を行っていくうえで輸出よりむしろ関税障壁の内側で事業活動を遂行する選択をさせたのである。本章においてフォード社，ゼネラル・モーターズ社（以下フォード，GMと略称）を取り上げて，日本進出の経緯を概観し日本において両社が自動車の組立生産に従事し，その活動がその後の日本自動車産業の発展にいかなる影響を与えたかについてみていくことにする。しかしながら1930年代は，国内においては1936（昭和11）年二・二六事件，翌年には国家総動員法が成立するなど戦時色が日増しに強くなっていく。海外では1933（昭和8）年にアメリカではニュー・ディール政策が開始され，ドイツではナチスが第一党になるなど，混沌とした時代が続き，やがて1941（昭和16）年の第二次世界大戦へと至る。

第4章 外資自動車企業の成立と発展

1 外資自動車企業の日本進出

　日本に初めて外国製自動車が出現したのは1900（明治33）年のことであり，横浜在住のアメリカ人トンプソンが輸入した「ロコモビル」といわれている。
　以来，外国製自動車の輸入が始まり，日本国内で製造された自動車が登場する1926（大正15）年まで日本国内を走る自動車はほとんどすべてが外国製自動車であった。
　1925（大正14）年からは輸入組立車が登場し，輸入完成車と相並んで日本の自動車市場を文字通り席巻していく（宇田川勝　1987）。

2 フォードの初期海外活動

　フォードはヘンリー・フォード（Henry Ford, 1863-1947）とデトロイトの実業家たちが協力し1903（明治36）年初期資本金10万ドルをもって成立した。フォードの海外事業展開のテンポは速く，設立翌年の1904（明治37）年には言語や文化を同じくする隣国カナダに生産拠点を設け，自動車の組立および製造に着手している。その後，次々と海外進出に乗り出し，第二次世界大戦が勃発する頃には世界23カ国26カ所に自動車の組立をする施設を有するまでになった。フォードは設立から第二次世界大戦までの期間において海外事業展開は世界的な規模におよび，世界有数の多国籍企業に成長を遂げていた。隣国カナダ以外の国々におけるフォードの海外事業のプロセスは，完成車の輸出からはじまり，海外現地における組立生産，そして現地での製造開始という順序で進行した。こうした海外事業が本格化するきっかけとなったのは，1908（明治41）年に開発完成させたT型車の出現からのことである（井上忠勝　1987）。
　海外に支店が次々と開設され，やがてそこにおいてフォード車の組立が実施されていくことになった。当初イギリスから現地組立が開始され，世界各国の拠点に波及していった。そうした中でアジア地域では1925年に日本，翌年に

はインドにおいてフォード車の組立が開始されたのである。海外現地において組立生産する利点はいくつかあるが、フォードの当初の完成車輸出から現地組立生産への戦略の移行は、輸送上の利点を追求したことが挙げられる。完成車輸送にかかる船賃と部品をノックダウン（knock down）で輸送する場合の船賃の差に注目したのである。輸送のための船賃は通常重量と容積が算定の基礎になるが、部品の形状で輸送するノックダウンの場合、10台分のノックダウンの自動車の船賃は1台分の完成車のそれに相当した。完成車1台分の船賃で10台分のノックダウンの自動車が輸送でき、大幅に運賃を節約できるという利点があった。またもうひとつ完成車輸出からノックダウンによる現地組立てに転換するきっかけとなるものは関税の問題である。通常完成車よりもノックダウン形状のほうが、受け入れ国での関税は低いのである。フォードはこうした利点を活用するため、次々と世界各国に組立基地を開設していった。そうした中に日本における自動車組み立てが開始されることになった（井上忠勝1987）。

3 フォードの日本進出

　1900年代初期の頃、日本政府は外資企業による日本の自動車市場への参入についてほとんど制限を加えていなかった。ただ輸入完成車および自動車部品に25％の関税を課しているだけであった。その後、特にアメリカからの完成車輸入が増加し始め、1916（大正5）年の218台が1918（大正7）年から1920（大正9）年にかけて毎年1,000台を超えるまでになっていた（日産自動車1983）。このように政府の制限がほとんどなく、そして順調に成長を遂げている日本の自動車市場は外資自動車企業にとって魅力的であった。

日本への接触

　日本とフォードの関係は意外に早く、フォード設立の翌々年の1905（明治

38）年にはフォードB型車が日本へ到着している。1909（明治42）年には三共貿易が初代のフォードの日本の代理店となった。その後，セール＆フレーザー商会に輸入販売権は移転している。そして1923（大正12）年9月には関東大震災が関東地方を襲い，交通網は壊滅的な打撃を被った。東京市はフォードに約1,000台のトラック・シャーシーを発注した。翌年それらは横浜に到着し，バスに改装され，寸断された鉄道網に代わり利用者の交通の便に供された。この大量発注はフォードに日本市場への関心を引き起こした（『読売新聞』 1996年5月27日）。同社の輸出部門責任者は早速1924（大正13）年秋に訪日し，セール＆フレーザー商会とともに国内市場を視察し，目覚ましく拡大を続ける日本の自動車市場の将来性を確信する。フォードは対日戦略を立案し，実行に移した。それは，セール＆フレーザー商会との代理店契約が終了した後に，一部同商会の社員を雇用して新販売組織を設立し，いずれノックダウン方式の組立工場を設立するというものであった。日本最大の自動車市場である東京近郊の横浜を最適立地と考え，横浜ドックから港湾地域の土地を借り受けて組立工場を建設した。この工場は日産30台を一直体制で生産できる能力を有していた。そしてフォードは1925（大正14）年2月に日本法人の日本フォードを設立し，ここにフォードにとってはアジア地域初の生産拠点が開設されたのである。今までセール＆フレーザー商会と締結していた販売契約を終了し，直接販売方式を導入することにより販売方式の変革を行った（宇田川勝 1987）。

4　ゼネラル・モーターズ社の初期海外活動

　GMはフォード設立に遅れること5年後の1908（明治41）年，ビューイック自動車のW. C. デュラント（William Crapo Durant, 1861-1947）によりニュージャージー州の法人である持株会社として成立した。GM成立後，オールズ，オークランドなど全米に散在する自動車製造会社や部品製造会社を傘下に収め，1910年までの期間に20社を超えるそのような会社を統合し手中に収めていった。

GMは会社設立当初からフォードと海外市場で競合していた。さまざまな点で比較されるフォードとGMであるが，海外事業展開については一歩フォードが先んじていた（井上　1987）。

GM 輸出会社

　GMは会社設立から3年後の1911（明治44）年に傘下各社の自動車輸出のための業務を代行するとともに，各社の輸出について一定のルールを示すための機関としてGM輸出会社（GM Export Co.）を設立した。当初傘下各社の輸出台数はとるに足らない数字であったが，1920（大正9）年までにはおよそ3万台に増加していた。その内訳は乗用車とトラックであった。GM輸出会社設立から1920年代初期の頃までは，輸出の中心は完成車がそのほとんどを占めている状況であった。完成車輸出中心のこの時期にGMの輸出における新たな戦略が模索されだした。それはノックダウン形態での部品の輸出とそれらの現地での組立である。GMのこうした輸出戦略の転換は，生産の現地化についての利益を理解していたものと思われる。すでに述べたとおり進出先において現地組立を行う利点はいくつか指摘される。まず，現地で組立生産を行う際には組立工場の用地の取得，工場建物の建設，現地労働者の雇用など経済面で現地経済発展へ貢献できる点があること，現地拠点を通じて現地行政府への納税により間接的に地域住民に利益を還元することが期待できること，また現地と密接にかかわることで現地経済ナショナリズムを抑止できることなどが期待できることである。輸送面では，ノックダウン部品形態での輸出のほうが完成車輸出よりも輸送費が削減できることなどがあげられる。また現地市場に近接する場所において組立に従事すれば，現地市場の動向の把握が的確に行われ，製品開発や改良に威力を発揮できるなど，利点が多い。GMはこうした現地市場志向の現地組立を1923（大正12）年から28年にかけ，15カ国19カ所に組立拠点を配置して，生産活動に従事していた。

　GMは組立生産からさらに自動車の現地生産を目ざした。GMは現地生産を

展開するにあたり，フォードのように自前の現地製造施設を建設したのではなく，現地に存在する自動車製造会社を買収し，現地生産に乗り出す戦略を選択した。現地生産展開におけるコストとリスクの軽減を図ったのである。1925（大正14）年にイギリスのボグゾール（Vauxhall Motors, Ltd.），そして4年後にはドイツのアダム・オペル（Adam Opel, A. G.）を買収した。こうしてGMは完成車輸出から始まり，現地組立の開始，現地生産の開始という一連の順序を経て海外事業を形成していった（宇田川　1987）。

5　ゼネラル・モーターズ社の日本進出

　日本では関東大震災以前，GM車はフォード車に比べあまり人気がなく大都市でもGM車を見かけることはまれであったという。日本へのGM車の輸入は1912（大正元）年から三井物産が手掛け始め，ビューイックを輸入していた。しかし三井はその後，自動車の将来性を悲観的に読み誤り，GMとの契約を梁瀬長太郎（三井物産自動車係出身）に移した。梁瀬は三井の援助を得てヤナセ自動車を設立し，GMからビューイック，シボレーなどの販売権を得て事業活動を始めた。GMはフォード同様に関東大震災を機にビューイック，シボレーの大量発注を受けたのをきっかけに日本での組立工場建設を考えるところとなった。この背景にはGMより一足先に対日進出した宿敵フォードに日本における自動車市場を席巻され独占されてしまうのではないかという恐れがあった。かくして，GMは1925（大正14）年4月にホワードを派遣し，日本での工場立地選定にあたらせた。ホワードは当初横浜からの熱心な誘致を受けたが，横浜にはすでにフォードが進出していることや，中国本土への輸出を考える場合横浜より地理的に有利で，しかも数年間の市税免除と工場施設の提供を申し出て誘致した大阪に立地を決めた。そして1927（昭和2）年1月に日本法人である日本GMが設立されたのである。GMのこうした一連の活動について政府の中にはフォードに抱いたような疑念をもつ向きもいたが，やはりフォードの場合

と同様に妨害などするようなことはなく，事態を静観していた。ここに両社の事業の発展を制限するものは何もなく，フォードとGMは文字どおりその圧倒的な生産能力でもって日本の自動車市場を席巻していった。両社による市場占拠率は1930（昭和5）年までに95％を超えていたのである[1]。

6 日本政府の自動車産業政策の進展とフォード・モーター社とゼネラル・モーターズ社の対応

日本政府の外資統制政策

当時の日本の状況は外資企業に対日直接投資への関心を盛り上げていたが，日本政府は国際収支危機対応のため経済統制を開始した。外資への統制も例外ではなく日増しに厳格なものへとなり，やがて産業別，企業別の措置も伴い，1930年代が進展するにつれてその強度は確実に増大した。加えて日中戦争（1937年）のはじまりを契機に高まりをみせた軍国主義と国家主義とが一層外資を厳しく統制するように政府に圧力をかけた。この2つの主張はその後ますます外資排除を助長していった。特に軍部の台頭を背景とする軍国主義の高まりにより，軍部の指導者は国家安全保障の見地から自国の防衛産業は民族企業によって支配されるべきと主張するなど，対日直接投資を厳しく制限するよう強硬に主張した。

政府はそれまでは外資自動車企業による国内事業活動にあまり干渉してこなかったが，国内自動車産業の発展を意図していよいよ動き出した。1930年代を通じて日本政府の国内自動車産業政策の進展には段階があり，その第1段階は1930（昭和5）年直後に始まった。政府は国内自動車産業確立を目的に「自動車産業確立委員会」を組織して自動車産業政策立案を課した。同委員会は政府に次の2点を答申した。第1は，自国の自動車企業で製造されたトラック，バスの新型車への補助金支給を通じ国内生産を促進すること，もうひとつには輸入自動車部品の従価関税を40％に引き上げフォード，GMの事業活動の抑

制を目的とする統制を増大すること，の2点であった。軍部を中心とする政府保守層は，これ以上の日本フォード，日本 GM の日本国内での生産続行が日本の自動車産業の将来に大きな脅威を作り出すものと強く認識していたのである。

7 両社が与えたインパクト

　フォード，GM が日本において操業し，自動車を大量生産して市場に供給することで，日本自動車産業の実質的な幕開けを迎えた。これまで述べてきたように日本の自動車の普及の大きなきっかけとなったのは，関東大震災の発生による交通インフラの壊滅的打撃によるトラック輸送の利便性の認識の高まりによるものであった。これを契機に日本における自動車需要は大きく増大することになる。この状況を察知したフォードと GM は相次いで日本進出を果たすことになる。日本において横浜，大阪に組立拠点を設け自動車の生産に従事したことはすでにみたとおりである。両社は単に日本において自動車組み立てに従事しただけではなく，日本の自動車企業の発達に少なからざるさまざまなインパクトをおよぼした。結論を先回りしていうならば，両社が日本の自動車産業の基盤を構築したといえる。

8 移転の方法と担った人材

　フォードと GM が日本に設立した日本フォードと日本 GM を通じて，新しい自動車生産技術や新しい経営管理手法，アメリカ流マーケティング手法がいかに日本に伝えられたかについて概観する。ここでは新しい技術や経営管理手法の伝わり方について，外資企業と合弁企業を組んだ外資提携企業と単独進出した純粋外資企業との違いについて簡単にみていく。

　まず外資企業と提携している場合，提携相手企業からそれらを導入することができた。人的な部分の主な方法は，本国本社から人員を派遣してもらい技術

や経営管理を学ぶ機会を得ることができた。技術面では特許を受け入れ実際の工作についての手法やその原理的な部分を学ぶことができた。

　一方，純粋外資企業からの技術や管理手法などの伝播は，主としてそこに勤務していた日本人従業員が退社して，自らその企業で学んだことをもとに独立開業するか，日本人従業員が日本企業に転職することにより日本企業に移転した。たとえば，トヨタの販売に関する組織の原型を作り上げたのは，日本GMに勤務経験を有し，トヨタに転職した人材であった。彼らは日本GMに勤務している期間に本国GMのマーケティング手法を身につけた人材であった。このように日本フォードや日本GMに勤務経験を有する人材が日産やトヨタに転職することにより，日産やトヨタの経営組織や販売組織の形成に大きくかかわり独自のものを作り上げた。ここで日本フォードと日本GMに勤務していた人材が日産やトヨタに転職し，最終的にどのような地位に就いたかみてみると，日本GMに勤務した神谷正太郎はトヨタ自動車販売社長歴任，加藤誠之はトヨタ自動車販売社長歴任，日本フォードに勤務経験を有する前原正憲は日産自動車常務歴任，田中勇は日産自動車編集室長歴任などがあげられる。これ以外にも多くの人材が日本フォード，日本GMで養成され日本の企業へと転職していき，重要な地位に就いていたのである。この中でも神谷正太郎は後に「販売の神様」と呼ばれ，その手腕をいかんなく発揮した。このように両社は多くの日本人管理者や技術者を育成し多才な人材を輩出した。

　また多くの場合，外資企業の技術や経営管理手法などを導入しようとする場合，アメリカ流のものをそっくりそのまま移転したのではなく，日本の経営風土や文化に適したものに組み換えて実行に移した点は注目すべきである。トヨタが導入したマーケティング手法は本国GM本社で実際に取り入れられていたものを導入したが，そのまま移転したのではなく日本の経営環境や取引慣行を最大限考慮に入れて，日本風に組み換え導入したのである。自動車企業と販売店の「相互理解と協力」を基本的な概念として据え，それを土台に販売組織の構築を図ったのである。

新しい生産方式の導入

　フォードとGMは現地組立生産のための工場設備，機械工具類，自動車組立のライン生産方式を日本に導入した。そしてこれら生産上のノウハウを日本人管理者や労働者に伝授した。両社は共に自動車部品の現地供給源を広い範囲で開発するために積極的に動き，国内企業の発達を活発に刺激した。そうした活動が徐々に実を結び始め1930年代半ばまでに国内企業が両社にタイヤをはじめとしてバッテリー，電気製品，シャーシー部品，ガラス，スプリングなどの部品を供給できるまでになった（宇田川　1987）。

現地企業の育成

　両社は熱心に国内企業に部品材料など現地供給資源を開発させたため，両社が望む詳細な仕様で部品が規格どおりに生産され，供給されるようになった。たとえば，日産グループは両社の指導のもとで急速に技量を向上させ，日本フォードや日本GMへ主要な部品を納入したのである。両社が育てたこうした自動車生産に関わる供給業者や周辺産業は，その後の日本の自動車産業発展においてきわめて重要なインフラとなった。このように自動車の組立という当時においては先端的技術を要する産業を日本にもち込んだことや，自動車生産に携わる日本人技術者を育成し，経営管理やマーケティングに従事する人材を育成した。工業発展の面においても自動車生産に関連する部品や材料を生産する企業の発展を刺激するなどした。当時日本には存在していなかった企業や産業の創出にも一役買い，ひいては日本の自動車産業発展の離陸の条件を作り出すことになった（桑原哲也　1991）。このようにトヨタや日産をはじめとする日本の自動車企業の今日の発展は，両社の戦前における日本国内での事業活動が残した遺産が影響しているといえる。

注）
1）日産自動車（1983）によれば1916年：218台，17年：806台，18年：1,653台，

9年：1,579台，20年：1,745台と年々増加していった。国産車が初めて供給され始めたのは1926年の245台であった。それまでは文字どおり外国製輸入車が日本市場を独占していた。

参考文献
井上忠勝（1987）「海外自動車事業の形成とその管理―第2次世界大戦前のフォードとGM―」『アメリカ企業経営史研究』神戸大学経済経営研究所
宇田川勝（1987）「戦前日本の企業経営と外資系企業（上）（下）」『経営志林』第24巻第1号，2号
桑原哲也（1991）「第二次大戦前の外国企業の対日投資―二次文献の調査にもとづいて―」『経済経営論叢』京都産業大学経済経営学会，第26巻第2号
日産自動車（1983）『21世紀への道　日産自動車50年史』
『読売新聞』1996年5月27日付

日本家電産業の成立と発展

第 5 章

はじめに

　第二次世界大戦後，日本の産業の中で，飛躍的な発展をみたのが自動車と電機であった。これら産業において，日本企業は戦前より外国企業から技術やマネジメントを学び，自社の能力を高めていった。戦後は蓄積した経営資源を独自に進化させ，国際競争力を有する製品をつくり出した。両産業は日本経済を牽引するほか，国際化においても先導的な役割を果たした。

　このうち電機分野において，注目すべき企業が松下電器（現在のパナソニック）である。創業者である松下幸之助は小学校を中退し，奉公に出された身であったが，一代で世界的な企業を創り上げた。彼は「経営の神様」としてその名が知られており，その影響力は日本国内のみならず，海外へも及んだ。

　では，松下電器はどのように誕生したのであろうか。どのような経営的な特徴を有しており，それは時代とともにどのように変化したのだろうか。同社の存在は経済や社会にどのような影響を与えたのだろうか。これらの疑問の解明を通じて，電機業界の発展に関する理解を深めていくことにする。

1　松下電器の誕生

創業者・松下幸之助

　松下電器の創業者である松下幸之助は，1894（明治27）年11月に和歌山県にて生まれた[1]。生家は裕福な地主であった。しかし，松下が6歳の時に父親が米相場で失敗し，一家は土地や家屋を手放した。そうしたこともあり，松下

は9歳の時に親元を離れ，大阪の火鉢屋や自転車屋へ奉公に出された。

　16歳になると，松下は電気事業に興味をもち，技師として大阪電灯に入社した。職場では仕事に励み，同僚よりも早く出世するなど，能力を発揮した。しかし，やがて仕事に対する熱意が冷めると，自ら改良したソケットの製造・販売に関心を抱くようになった。松下は22歳の時に会社を辞め，大阪市・大開町にて松下電気器具製作所を設立した。社員は妻と，妻の弟である井植歳男（後の三洋電機の創業者），会社の同僚2名であった。創業時の経営には苦労するものの，扇風機の碍盤（絶縁体で電気を通さない板）を下請け生産する機会を得て，苦難を乗り切った。

　こうした中で松下は「アタッチメント・プラグ」や「二灯用差込みプラグ」といった既存製品の改良品をつくりだした。これら製品の評判は高く，生産が追い付かないほどであった。松下は新たに工場を建設するなどして，需要に応えた。会社は家内工業の域から脱し，小規模企業へと成長した。

　松下電気器具製作所では，次第に自転車用ランプやアイロン，ラジオ，電気こたつ，扇風機，乾電池といった製品も手掛け，電機メーカーとしての基盤を固めていった。1925（大正14）年には「ナショナル」の商標を取得し，同ブランド名で製品を販売した。

大衆市場の創造

　既述のとおり，松下は多様な家庭用電気器具をつくりだしたが，これら製品は市価よりも安い価格で販売された。たとえば1920年代後半，アイロンの市価が4～5円であった時代に，松下は3円20銭でアイロンを売りだした[2]。

　この時，松下は「規模の経済性」を追求することで，アイロン価格を引下げた。生産量が増加すると，それに伴い平均費用が減少する。松下はアイロンの年間販売台数が10万台という市場規模の時代に，月産1万台を生産した。その結果，既存製品よりも2～4割程度，価格を引下げることに成功した。製品の評判は上々で，これまでにアイロンを購入できなかった家庭にも普及した（中

村清司　1992)。

　このような規模の経済性を追求した生産方法は，1929（昭和4）年に発売された電気コタツでも実現された。松下が売り出した電気コタツの小売価格は，自動温度調節機能を付けながらも市価の半額であった。このように，松下は製品普及の妨げとなっている価格という課題を大量生産により克服し，大衆市場を創造した。

　松下はこのような経営手法を，アメリカの自動車王ヘンリ・フォードから学んだといわれている。フォードはベルトコンベア式組み立てラインを導入するほか，部品や作業の標準化，生産工程の分業化などを進めた。自動車の大量生産を実現し，生産コストを大幅に削減するとともに，販売価格を一般大衆が購入できる水準にまで引下げた。およそ20年前にフォードがアメリカで実践したこのような経営を，松下は日本の家電業界で再現したのである（橋本寿朗・西野肇　1998)。

　ただし，松下は価格破壊のために製品価格を下げたわけではなかった。彼は「正価」販売を意識していた。彼は製品価格を市場における価格競争で決定すべきではなく，製品の生産コストに適正利潤を加えた価格で決定すべきであり，それが正しい価格であると考えていた[3]。彼からすれば，競合企業が共倒れになるような無謀な値引きは「道理をはずれた商売」であった。適正利潤を得つつ他社との共存共栄を図ることが重要であると考えていた（橋本・西野　1998)。

水道哲学の形成と企業発展

　会社の経営が軌道に乗り始めた頃，松下は経営における重要課題に気づいた。そのきっかけとなったのが，ある宗教団体の訪問であった。彼は，そこで信者の人々が無報酬であるにもかかわらず，熱心に喜んで働いている姿を目の当たりにした。この時，松下は使命感が人を動かすのだと考えた。そうしたことから，松下電器の使命を明示することが，今後の経営発展のために重要であると考えたのである。

1932（昭和7）年5月5日，松下は「水道哲学」[4]と呼ばれるものを掲げた。人は水を無くして生きていくことはできない。地球に存在する物資の中で，水はもっとも貴重なものといえる。しかし，仮に通行人が，他人の水道の栓を捻って勝手に水を飲んだとしても，その罪をとがめる人は少ないだろう。なぜだろうか。それは，水が豊富にあるからである。豊かに存在する水は，そのものがもつ価値に対して価格が安い。そのため，他人が水を断りなく勝手に飲んでも罰する人は少ないのである。したがって，すべての物資を無尽蔵に創りだすことができれば，水と同じように価値に対して価格を安くすることができる。そうすることで，人々を貧困から救い，幸福にすることができる。この使命を産業人として担う必要がある。このように，松下は考えたのである。こうして松下電器は社会的な存在意義としての水道哲学を掲げた。この思想は松下電器の経営において精神的な基盤となった。

　創業時，わずか数名ではじめた事業は1932（昭和7）には従業員数1,200名を超えるまでになった。製造品目も200種類を超えた。こうしたことから，1933（昭和8）年，松下は大阪の門真市に大規模な工場を建設し，本社を移転した。さらなる事業の拡大を図った。

　また，松下は広範にわたる事業を管理するために，事業部制を採用した。これは各事業を事業部と呼ばれる組織単位にまとめて配置したものである。本社部門の経営的な意思決定に関わる負担の軽減と，各事業部での迅速な意思決定の実現を目的としたものであった。松下電器では，第一事業部をラジオ部門，第二事業部をランプ・乾電池部門，第三事業部を配線器具・電熱器部門とした。それぞれの事業部に製品開発から販売までの権限と責任を与えた。事業部制組織は1920年代にアメリカのデュポンが初めて採用したものであった。松下電器は日本で初めてこの組織形態を採用した企業であった（生島淳　2011）。

　このように，松下電器は経営体制を整え，家電業界での経営基盤を固めていった。日本を代表する製造企業へと成長した。ただ，やがて戦時統制時代に突入すると，民需が減少し，対照的に軍需が生じた。松下電器も軍からの要請に

第 5 章　日本家電産業の成立と発展　49

より，木造船や木造飛行機を開発・生産するようになった。家電メーカーとしての松下電器の経営は一時的に中断された。

2　松下電器の飛躍

戦後の躍進

　1945（昭和 20）年，終戦を迎えた。松下電器は戦時中に軍需品の生産に従事したことから，GHQ（連合軍総司令部）により経営を制限された。資産を動かすことが許されず，経営活動ができない状況に置かれた。およそ 10 億円の負債を抱え，倒産の危機に陥った。

　各種の制限が解除され，企業活動が認められるようになったのは 1950（昭和 25）年になってからであった。当時，日本の家電市場は急速に拡大していた。戦前から普及していたラジオに加えて，白黒テレビ，洗濯機，冷蔵庫といった「三種の神器」と呼ばれる製品が売り出され，市場は活況を呈していた。松下電器はこれら製品の生産を始めた。

　例えば，松下が積極的に事業化を進めたものが白黒テレビであった。松下電器では戦前から研究は進めていたものの，技術的な遅れから生産できる段階に至っていなかった。そこで，1952（昭和 27）年にオランダのフィリップスと提携し，真空管などの技術導入を図った。同社と合弁で松下電子工業を設立し，電球，蛍光灯，真空管，ブラウン管，トランジスタなどの電子管や半導体を生産した。大阪・高槻市に建てられた同社工場は世界有数の技術レベルを誇り，ここで生産された部品が松下電器の関係事業部に供給された。

　このように技術能力を高めた松下電器は，ブラウン管の国産化，各種要素技術の開発，量産化などによりテレビの生産コストを削減した。白黒テレビの販売価格が下がり，消費を刺激した。1960（昭和 35）年には松下電器のテレビ生産台数は累計で 100 万台を超えた。また，市場シェアは 18.4％ となり，2 位の東芝（17.4％），3 位の日立（15.1％）を引き離して業界トップとなった。同年，

松下電器の売上高は1,000億円を突破した（中村　1992）。

　白黒テレビ以外にも，後年に松下電器ではカラーテレビ，エアコン，電子レンジ，カセット式テープレコーダ，家庭用VTRなどの新商品を市場に投入していった。製品は海外市場へも輸出された。1973（昭和48）年には売上高が1兆円を超え，世界有数の総合エレクトロニクス・メーカーとなった。

生産体制の強化

　第二次世界大戦後，松下電器は飛躍的な成長を遂げたが，同社の経営には戦前から一貫してみられる特徴があった。それは新製品開発よりも，大量生産技術に磨きをかけることに注力したことである（生島　2011）。

　例えば，松下電器では全社的品質管理の手法を導入して品質の向上を図った。戦後，粗悪品が多かった日本に対し，GHQはアメリカから技術者や研究者を呼び寄せるなどして，QC（Quality Control：品質管理）の概念をもち込んだ。これにより，統計的手法やPDCAサイクル（plan-do-check-act cycle）といったマネジメント手法が広まった。こうした品質管理に関する取組みを，松下電器は積極的に行い，学習した。これにより製品の欠陥率を下げるとともに，歩留まり率を高めることに成功した。品質に対する顧客からの信頼が高まり，利益率も上昇した[5]。

　また，1953（昭和28）年に設立した中央研究所では，自社で用いる機械設備や治工具の開発を行った。それまで松下電器では海外の最新式の製造機械を購入し，製品を生産していたが，技術レベルを高めるためには，自ら機械を研究考案する必要があると考えたのである。同研究所は高品質な製品を大量に生産するための機械を次々と生み出していった。

　このように松下電器では，新製品開発よりもむしろ，生産工程のレベル向上に積極的な投資がなされた。先発企業が開発した新製品をリバース・エンジニアリングの手法を用いて分析し，その製品を上回る性能や品質を創り出すとともに，規模の経済性による低価格化を実現した。このようにして，競合他社と

の競争を勝ち抜いたのである。

販売体制の確立

「販売の松下」といわれたように，松下電器は大量生産した製品を売るための販売網の構築にも力を注いだ。1935（昭和10）年，松下は自社製品を取扱う販売代理店との間に「連盟店制度」を設けた。松下は連盟店会議などで販売店店主と対面的なコミュニケーションを図るほか，取引額に応じて感謝配当金を支給したり，販売宣伝活動を支援したりするなど，販売代理店の活動をサポートした。共栄共存という意識が松下電器と販売小売店との間にはあった。

戦時中は販売店との取引が中断され，両社の関係が途絶えてしまった。しかし，戦後の経営活動再開とともに，販売網の再構築が図られた。1949（昭和24）年，松下電器は販売代理店との交流を図ることを目的に「ナショナル共栄会」を発足させた。また，1951（昭和26）年に販売代理店同士の横のつながりをつくるために「ナショナル会」を組織した。ナショナル会は地域や代理店数単位で設けられ，販売促進のための研究会，技術講習会，工場見学などを実施した。販売代理店の専門知識の向上や，アフターサービスの充実により，松下製品のブランド・イメージも高められていった。

ナショナル会はさらに1957（昭和32）年に「ナショナルショップ店会」へと改組された。松下製品の取扱い比率が30〜49％の店を「ナショナル連盟店」，50〜79％の店を「ナショナル店会」，80％以上の店を「ナショナルショップ」と呼び，それぞれの区分に合わせた販売支援がなされた。

ナショナルショップの店舗数は1960年代に1万店，1970年代に1万7,000店，1980年代に2万6,000店に増加した。1980年代に，競合企業であった東芝の「東芝ストア」が1万2,000店，日立の「日立チェーンストール」が1万500店であったことからもわかるように，松下電器は競合企業を圧倒する販売網を持つに至った。

このように松下は流通系列化を進めた。製品開発で他社に遅れをとったとし

ても，強力な販売により，追いつくことができた。大量生産能力と大量流通・販売能力が結びついた，競争優位を構築した（生島　2011）。

人材の育成

　生産・販売体制の構築・強化に加えて，松下が力を注いだものに人材育成があった。「ものを作る前に人をつくる」というように，松下電器は人材の教育に熱心な伝統や風土をもっていた。

　例えば，松下電器では朝会・夕会，研修，懇談会などを通じて，経営理念や経営哲学，精神の教育がなされた。また，上司による日常指導（OJT：On-the-Job Training），実践による教育訓練，専門研修の実施，自己啓発の援助などが行われた。このような教育を通じて育成された人材が，松下電器の発展を支えた（小原明　2001）。

　このほか，松下は1946（昭和21）年にPHP研究所を設立した。PHPという言葉にはピース・アンド・ハッピネス・スルー・プロスペリティ（繁栄によって平和と幸福を）という意味があり，人間性に立脚した，社会制度の在り方を追求しようとした。各種の雑誌や書籍を出版し，理念の普及を図った。

　また，1979（昭和54）年に松下は国家経営を推進していく指導者の育成を目的に，松下政経塾を設立した。同塾からは第95代内閣総理大臣に就任した野田佳彦をはじめ，政財界で活躍する人材が輩出された。このように，松下は社内での人材教育に力を注ぐとともに，社会で活躍する人材の育成も図った。

3　松下電器の国際化

海外市場への進出

　1935（昭和10）年，松下電器は貿易事業部門を設立し，自社製品を東南アジア各国へ輸出した。当時，製造企業の多くは貿易商社を通じて製品を輸出する間接貿易の形態を採っていた。自社で輸出部門をもつ，直接貿易の形態を採る

企業は少なかった[6]。このように，松下電器は創業間もない頃から，国内のみならず海外も視野に入れた経営活動を展開した（吉原英樹　2011）。

　1939（昭和14）年には，中国の上海に乾電池工場を建設し，現地生産に着手した。このように松下電器は，戦前から海外直接投資を試みた。この動きは1960年代より本格化した。1961（昭和36）年，松下電器はタイにナショナル・タイを設立したのをはじめ，台湾，マレーシア，インドネシア，シンガポールなどの東南アジア諸国や，コスタリカ，ペルー，ブラジルなどのラテンアメリカ諸国に海外子会社を設立し，製品を現地で生産した。これらの国々では，日本から部品を輸入し，ラジオ，扇風機，掃除機，洗濯機などの家電製品を組み立てた。松下電器は自社で開発・製作した生産設備を現地へ送るほか，品質管理の技術やノウハウを移転した。これらの国で生産された製品は，主に現地市場で販売された。

　このように東南アジアやラテンアメリカといった地域において，松下電器は日本からの製品輸出に代わり，現地生産を選択するようになった。その背景には，現地政府による輸入代替工業化政策の実施があった。自国工業の育成を図ろうとする各国政府は，輸入製品に高率の関税をかけたり，輸入数量を制限したりすることで，輸入を規制した。一方で，自国に工場を建設し，現地生産する企業に対しては，工場用地の整備や税制上の優遇などの恩恵を与えた。このような誘致政策が実施された。このため，松下電器は現地生産へと海外戦略を転換したのであった。

　現地生産は発展途上国のみならず，先進国でも行われた。1974（昭和49）年にアメリカでカラーテレビの生産に着手したのをはじめ，カナダ，イギリス，西ドイツなどで生産活動を展開した。戦後，日本製品は粗悪品といわれたが，次第に品質を改善し海外での評価を高めた。日本からの輸出が増加し，日本は貿易黒字国となった。しかし，それは同時に貿易摩擦を生み出した。各国政府は自国産業を保護するために日本製品に輸入規制をかけたほか，外交交渉により自制を促した。輸出戦略が制約を受けるようになった。

また，1971（昭和46）年には，アメリカの大幅な貿易赤字を背景に，ドルと各国通貨との交換レートが改定された（ニクソン・ショック）。これまで1ドル＝360円であった交換レートは，1ドル＝308円へ切り上げられた。その後，為替は固定相場制から変動相場制へと移行した。慢性的な円高傾向となり，日本からの製品輸出が不利になった。為替変動の影響を回避するために，現地生産に移行しなければならなくなった。このように自社を取り巻く環境が変化したことで，松下電器の海外進出が本格化したのである。

海外事業の重要性は次第に高まり，2008年時点で松下電器は海外46ヵ国に214の海外子会社をもつ多国籍企業となった（吉原　2011）。松下電器の売上高の約半分が海外からもたらされるようになった（安積敏政　2006）。

国際競争の激化

世界的なエレクトロニクス・メーカーとして成長を遂げた松下電器であったが，1991年以降，売上高成長率が伸び悩んでいる。その理由のひとつが市場を巡る競争の激化にある。松下電器は国内では東芝，日立，ソニー，シャープといった企業と競合関係にあるが，海外ではオランダのフィリップス，フィンランドのノキア，アメリカのモトローラやアップルといった先進国企業との競争も厳しさを増している。さらには，韓国のサムスン，LG電子，ハイニクス，中国のTCL，長虹，海信，ハイアールといった新興国企業とも熾烈な競争を繰り広げている（安積　2006）。

例えば，1984（昭和59）年，中国の青島にて誕生したハイアールは，わずか10数年のうちに中国最大の家電メーカーとなり，世界有数の売上高（約2兆円）をもつ企業へと成長した。冷蔵庫，洗濯機，エアコン，アイロン，扇風機，電子レンジなど，多種にわたる製品を生産している。世界165ヵ国で事業を展開しており，特に冷蔵庫や洗濯機では世界最大の生産台数を誇る。旺盛な学習意欲をもつ企業として知られており，競合企業を上回る成長率を維持している（安室憲一　2003）。

このように松下電器を取り巻く競争環境は厳しさを増しつつある。こうした中で，松下電器は 2008 年に社名を「パナソニック」に変更した。これまで以上にグローバル市場を意識した経営を展開しようとしている。

おわりに

　以上，松下電器の誕生の経緯，経営的な特徴とその変化，国内外の経済への影響についてみてきた。ここではこれまでの内容を要約し，結語としたい。

　まず，松下電器は松下幸之助の発明品を企業化することを目的に設立された。アイロン，電気こたつ，扇風機など，家庭用電気器具を中心に製品をつくり，電器メーカーとしての基盤を固めていった。大量生産によるコストダウンと，低価格化による大衆市場の創造を実現することで，事業を成功に導いた。経営の理念としての水道哲学や，事業部制組織が経営を支えた。

　松下電器は生産体制の強化，販売体制の確立，人材育成の実施により国際競争力を高めていった。同社製品を世界的なブランドとすることに成功した。製品は日本から輸出されたが，次第に輸出戦略が不利になると，海外での現地生産に移行した。グローバル市場を意識した経営を展開するようになった。

　松下電器の経営や松下幸之助の経営に対する考え方は，国内外の経営者や研究者の興味を引くものとなった。その影響は企業経営のみならず，経済の仕組みや社会のあり方にまで及んだ。

注）
1）松下幸之助は，1989 年 4 月 27 日に死去した。享年 94 歳であった。
2）当時，小学校教員の初任給は 50 円程度であった。
3）松下は「適正な利潤」のマークアップ利率を 10% と想定していたと思われる（橋本・西野　1998）。
4）水道哲学について，松下電器の社史には次のような説明がなされている。「水道の水は加工され価値のあるものである。しかし，道ばたにある水道の栓を捻って，通行人が水を盗み飲んだとしても，その不作法をとがめる場合はあっても，水そ

のものについてのとがめだてはない。それは,その価格があまりに安いからである。なぜ価格が安いか。それはその生産量が豊かだからである。ここに,われわれ産業人の真の使命がある。すべての物質を水のように無尽蔵にしよう。水道の水のように価格を安くしよう。ここにきて初めて貧乏は克服される。」(松下電器産業株式会社社史編纂室　1953)

5) こうした活動の結果,1958 (昭和33) 年に松下電子工業が,1966 (昭和41) 年に松下電器部品事業本部が,全社的な品質管理活動を実施し顕著な業績の向上が認められた企業に与えられるデミング賞を受賞している

6) 松下電器以外では,味の素,旭硝子,大日本製糖,片倉工業が社内に輸出部門をもっていた。

参考文献

安積敏政 (2006)「岐路に立つ松下電器のグローバル経営」『国際ビジネス研究学会年報 2006 年』pp.1-13

小原明 (2001)『松下電器の企業内教育』文眞堂

生島淳 (2011)「大衆消費社会の出現」宇田川勝・生島淳編『企業家に学ぶ日本経営史』有斐閣

中村清司 (1992)「家電量産量販体制の形成」森川英正編『ビジネスマンのための戦後経営史入門』日本経済新聞社

橋本寿朗・西野肇 (1998)「戦後日本の企業者企業経営者」伊丹敬之・加護野忠男・宮本又郎・米倉誠一郎編『ケースブック　日本企業の経営行動4』有斐閣

松下電器産業株式会社社史編纂室編 (1953)『松下電器三十五周年史』

安室憲一 (2003)『中国企業の競争力』日本経済新聞社

吉原英樹 (2011)『国際経営』有斐閣

二輪車産業の成立と発展

第 6 章

はじめに

　企業にとって「革新」は重要なことである。またそれを成し遂げる「企業家」の存在も経営に大きく影響する。そこで本章では「革新」や「企業家」という概念を広めた J. A. シュンペーターと弟子の A. H. コールの理論を概説し，二輪車メーカー「本田技研工業」の事例研究を試みる。

1　企業家の定義と革新的行動

(1)　J. A. シュンペーターによる企業家の定義[1]

　まず，J. A. シュンペーターについて経歴・業績をまとめておこう。彼は1883（明治16）年にオーストリア＝ハンガリー帝国モラヴィア地方（現在のチェコ共和国モラビア）のトリーシュで生まれた。幼い頃から語学，記憶力が秀でていて，その才能は注目されていた。1901（明治34）年にウィーン大学に進学し，1906（明治39）年に法学士の学位を授与された。1908（明治41）年には処女作『理論経済学の本質と主要内容』を完成させた。ウィーン大学私講師，チェルノヴィッツ大学准教授に就き，1911年にはグラーツ大学准教授に就任した。翌年には企業家を取り上げた『経済発展の理論』を発表した。その後の著作には『景気循環論』，『資本主義・社会主義・民主主義』などがある。教育については，コロンビア大学，ハーバード大学，ボン大学，エール大学などで教鞭をとり，都留重人（一橋大学名誉教授），東畑精一（東京大学名誉教授）などの多くの弟子を育て，P. A. サミュエルソン（ノーベル経済学賞受賞）など有名

な経済学者に影響を与えた。一時は，政治家として大蔵大臣に就任したり，銀行の頭取に就いたりしたこともあった。しかし，これらの活動はうまく行かず，特に頭取に就いた銀行は経営破たんに至るような憂き目にもあった。彼はやはり学者として，教育者として評価される人物であった。

シュンペーターは経済学で初めて「人」に注目し，企業家を「新結合の遂行をみずからの機能とし，その遂行に当たって能動的要素となるような経済主体」と定義した。この「新結合」とは「革新」，「創造的破壊」ともいわれ，そうした活動を行う者こそが経済発展をけん引すると主張した。シュンペーターのいう「革新」とは，①新製品および新品質製品の開発，②新市場の開拓，③新生産方法の導入，④原料または半製品の供給源の確保，⑤新しい組織の実現を指し，これらを行う者を「企業家」とした。逆にこれらを行わない単なる「経営者」，「管理者」を企業家の範疇に入れなかった。彼の理論の特徴は，「創始」つまり「一番手」がもっとも多くの利益を得られ，「2番手，3番手」，「追随者」が増えると，その得られる利益は減じていくと説いた。また「汽車」を発明したのは，「駅馬車」の騎手ではないと述べたように，既存のものと後のものとは関係がないことを強調した。すなわち「非連続性」，「飛躍的」な進歩を主張したのである。それまでの経済学は静態的な均衡によって説明がなされたが，企業家の活動によって，動態的に経済が動かされていくことを説いたことに違いがある。

(2) A. H. コールによる企業家の定義[2]

シュンペーターの影響を強く受けた A. H. コールは 1889 (明治 22) 年，マサチューセッツ州に生まれた。ハーバード大学で 1913 (大正 2) 年に修士号，1916 (大正 5) 年に博士号を取得した。その後，ハーバード大学で教育，研究に励み，1933 (昭和 8) 年に経営経済学正教授に就任した。大学の図書館の充実にも寄与している。

第二次世界大戦後，アメリカは敗戦国に対して同質的な援助を行ったが，敗

戦国の復興・発展の様子が異なったことから，人に対する関心が高まった。いい換えれば，復興を早くし，発展させた国には経営資源をうまく結合するリーダーがいたという仮説がたてられたのである。そこで先述のシュンペーターの企業家論が注目され，1948（昭和23）年，企業者史研究センターがハーバード大学内に設置された。後にコールは同センターの理事に就任している。

　彼は，「企業者活動」（entrepreneurship）を「個人または組織された個人の団体の，金銭または他の利益を成功の目標として，経済財やサービスの生産や分配によって，利潤を追求する企業を，創設・維持・拡大する意図をもった，目的にみちた行動である」と定義した。シュンペーターの企業家の定義に対して，現実の経済・社会においては「2番手，3番手」の成功もあり得るとし，企業家の概念を広げ，「革新」のとらえ方も「連続性」を重視し，「漸進的」な変化を重要なことと考えたのである。

2　二輪車産業の成立・発展

(1)　戦前の動向[3]

　わが国における二輪車の歴史は明治期に始まっている。島津モーター研究所の島津楢蔵が二輪車の製造を開始する。島津は製造に際し，海外から取り寄せた資料をもとに研究に励み，短期間で構造の簡単な2サイクル400ccエンジンを完成させている。1909（明治42）年にはより複雑な4サイクルエンジンに挑戦し，製造に成功した。車体も作り，自分の名にちなんで「NS号」と名付け，製品化した。これが国産第一号であったといわれる。

　宮田製作所は1913（大正2）年から「旭号」を生産した。エンジン，車体は英国製トライアンフを模倣している。この製品は警視庁にも納入され，大隈重信首相の護衛でも使われた。同製作所は1933（昭和8）年に英国製コベントリーイーグルを見本として「アサヒAA」を生産した。㈱目黒製作所は「メグロZ97」を1937（昭和12）年10月，「メグロ98」を翌年に発売している。三共製

図6-1　再創の発展段階モデル

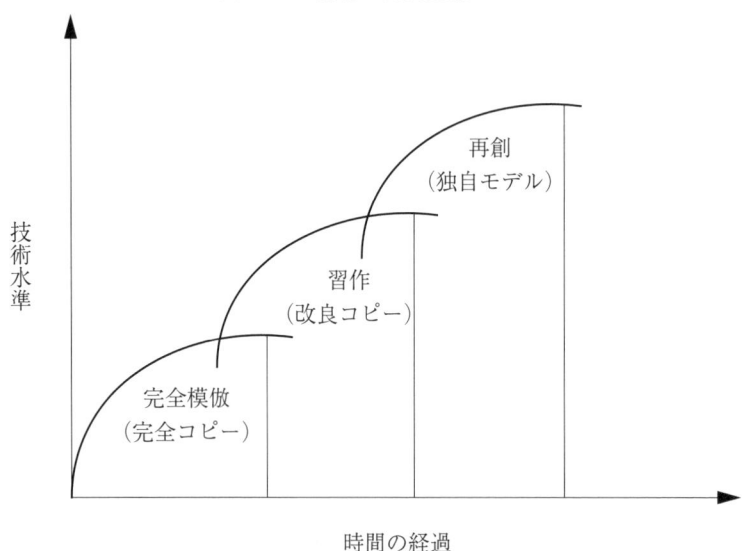

縦軸：技術水準
横軸：時間の経過

完全模倣（完全コピー）→ 習作（改良コピー）→ 再創（独自モデル）

出典）出水力（2011）『二輪車産業グローバル化の軌跡―ホンダのケースを中心にして―』日本経済評論社, p.105

薬の子会社である三共内燃機㈱はハーレーダビッドソン社と契約して「日本製」ハーレーダビッドソンを製作した。同社の製品は「陸王Ｖ」と名付けられた。

戦前の二輪車製造技術は，出水力氏が作成した「再創の発展段階モデル」（図6-1）からいえば，「完全模倣」の段階といえよう。

(2) 戦後の展開

上記のとおり，戦前にも自動自転車の製造に挑戦しているが，二輪の生産および販売は第二次世界大戦後から本格化した。1950（昭和25）年に7.5万台であったものが，1955（昭和30）年に259.4万台になった。その後，1960（昭和35）年に1,473.1万台，64（昭和39）年に2,110.3万台，71（昭和46）年に3,400.5万台を生産し，それぞれ「1,000万台」，「2,000万台」，「3,000万台」の

図6-2　自動二輪車の国内生産台数の推移

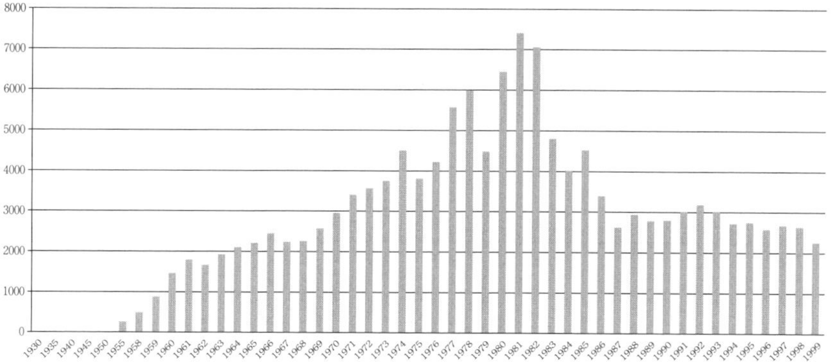

注）1975年以降は三輪の原動機付自転車を含む。
出典）矢野恒太記念会（2000）『数字でみる日本の100年　第4版』p.271

表6-1　二輪車シェア順位

	2005	2006	2007	2008	2009
1	ホンダ	ホンダ	ホンダ	ホンダ	ホンダ
2	ヤマハ発動機	スズキ	ヤマハ発動機	スズキ	ヤマハ発動機
3	スズキ	ヤマハ発動機	スズキ	ヤマハ発動機	スズキ
4	川崎重工業	川崎重工業	川崎重工業	川崎重工業	川崎重工業

出典）日経産業新聞編（2011）『日経シェア調査195　2012年版』日本経済新聞出版社, p.138

大台を突破した。このように二輪車業界は高度経済成長期に飛躍的な伸びをみせたのである。

　オイルショック以降も一時的落ち込みはあるものの，しばらくは順調に生産高を上げていたといえる。1981（昭和56）年の7,412.6万台がピークとなり，その後，2年で半減するまでに下降していった。90年代は「横ばい」となり，そして「二輪離れ」が確認できよう。

　最近のマーケット・シェアと大手二輪メーカーの順位は図6-3，表6-1に示すとおりである。これらをみると，業界首位はホンダで固定化されている。

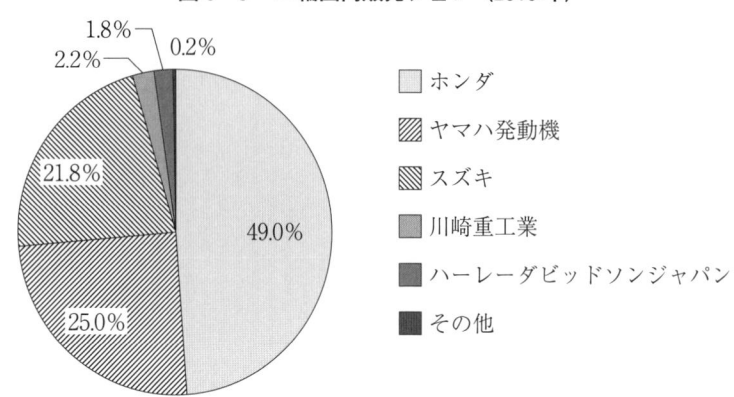

図6-3　二輪国内販売シェア（2010年）

- ホンダ 49.0%
- ヤマハ発動機 25.0%
- スズキ 21.8%
- 川崎重工業 2.2%
- ハーレーダビッドソンジャパン 1.8%
- その他 0.2%

出典）日経産業新聞（2011）『日経シェア調査195　2012年版』日本経済新聞出版社，p.139

2位，3位をヤマハ発動機とスズキが入れ替わっており，大きく差があって川崎重工業が4位につく状態である。2010（平成22）年については，ホンダが約半分，残りをヤマハ発動機とスズキで分ける形となっている。

　これらの企業の事業・セグメントを売上高からその比率をみると，二輪最大手のホンダについては，「主軸」となるのが四輪事業であり，売上高に対して73％，続いて二輪事業が17％となっている。その他，金融サービス事業が6％，汎用事業他が3％となっている[4]。創業時の様子は次ページでみるが，二輪で出発した会社が，今日では四輪が中心となっている。それでいて二輪事業ではトップを維持している点も強みであろう。

　業界2，3位のヤマハ発動機とスズキについては，前者が2011（平成23）年12月期に①二輪車70％，②マリン事業14％，③特機8％，④その他6％，⑤産業用機械・ロボット3％[5]，後者が2012年3月期のデータで，①四輪車88％，②二輪車10％，特機2％となっている[6]。最後に，川崎重工業は，2012年3月期に①二輪車18％，②航空宇宙16％，③ガスタービン15％，④精機14％，⑤車両10％，⑥船舶9％，⑦プラント9％，⑧その他9％となっており[7]，事業分野は多岐にわたり，それぞれバランスよく展開されている。こ

れらをグループに分けると,「四輪主」のホンダ,スズキ,「二輪主」のヤマハ,二輪の比率は高いが,「多角化」のカワサキといえる。

3 ホンダの沿革とオートバイ[8]

(1) ホンダの創業

次に本田技研工業のオートバイ事業を中心とした歴史をみていこう。本田技研工業は,本田宗一郎らによって設立された会社である。創業者の本田宗一郎は1906（明治39）年,静岡県磐田郡光明村（現在の天竜市）に本田儀平,みかの長男として誕生する。子供のころにみた自動車に興味をもち,「自動車を作ってみたい」という夢をかなえるべく,東京・湯島の自動車修理工場「アート商会」に入社する。この時,15歳であった。6年間の丁稚奉公を経験し,独立を許され,同社の「浜松支店」を開設した。

本田は「製造企業」に対するこだわりが強く,修理工場からの脱皮を考え,ピストンリングを作る「東海精機重工業株式会社」を設立した。同社の部品供給先はトヨタが中心で,やがてその資本下に入った。石田退三（後のトヨタ社長）が送り込まれたりもしたが,同社は戦災で焼失した。エンジンの開発を行い,1948（昭和23）年9月に「本田技術工業株式会社」を設立した。本格的オートバイの製造を進め,1949（昭和24）年8月にD型を完成し,「ドリーム」と名付けられた。この製品は発売当初は好調であったが,その後売れ行きが鈍り,同社の経営にも影響を及ぼすことにもなった。この頃に副社長となる藤沢武夫と知り合った。

藤沢武夫は1920（大正9）年11月,東京で生まれた。1928（昭和3）年には旧制の京華中学校を卒業し,1934（昭和9）年に「三ツ輪商会」に入社した。その後,「日本機工研究所」を設立した。藤沢が本田技研工業に入社したのは,設立1年後である1949（昭和24）年10月のことである。上述の経営悪化に対して大手銀行との取引を成功させ,販売網の拡大に貢献し,窮地を救った。

本田宗一郎と昵懇であったソニーの創業者の一人である井深大(まさる)は、本田のことを「経営についてはまったくの素人です」といい切り、「社長として、会社の経営をちゃんとやろうなどという考えは、おそらく本田さんにはいっさいなかったでしょう」と分析し、経営者としての資質が欠落していたと考えていた。「完全なエンジンをつくるとか、いいレーサーを育てたい」というのが本田の望んでいたことであり、それを経営面全般でサポートするのが、藤沢であった（井深大　1995：26-28）。本田一人では今日の本田技研工業の発展は実現できなかった。

　1946（昭和21）年10月、冷却2サイクルのホンダエントツ式エンジンを製作した。これは「バタバタ」と呼ばれるもので、このエンジンを自転車に搭載したものが発売された。同社の二輪の開発の端緒ともいうべきものである。翌年自社設計第一号製品「ホンダA型自転車用補助エンジン」の生産を開始し、1951（昭和26）年には「ドリーム号E型」、1952（昭和27）年に「カブF号」を販売した。1953（昭和28）年にはスクーターの「ジュノオ号」を発売した。カブF号はヒット商品となり、日本一のオートバイメーカーとなった。1958（昭和33）年には「スーパーカブ号」を発売し、世界一のベストセラーとなり、成功した。この間、英国のマン島TT（Tourist Trophy）レースへの参加を表明し、1961（昭和36）年には125cc、250ccクラスで上位を独占した。技術力の高さを世界に広めたことも同社の知名度を高める結果となった。

　その後、本田技研工業は二輪メーカーとして新製品の開発、新市場の開拓を行い、わが国のみならず、世界で地位を築いていくのである。1997（平成9）年10月には世界各国にあるホンダの工場で生産した二輪車は累計1億台を突破した。その内訳は、国内外で比較すると、日本での生産は約5,800万台、海外生産（ノックダウン）は約4,200万台となっている。また車種別にみると約4分の1がスーパーカブであった[9]。

(2) ホンダの革新的行動
①スーパーカブの発売と海外への進出
　ここでは，スーパーカブを例にその開発，海外市場への輸出をみていくことにする。1958（昭和33）年8月，「スーパーカブC100」を発売した。同社は当時，「実用車」の生産を中心にしており，①手の内に入る扱いやすさ，②片手運転可能，③外観がスマートで機関部が露出していないことをコンセプトに開発された。当時としては製造が難しいといわれた「4サイクル50cc」については乗り切れたが，「自動遠心式クラッチ」と昇降性に優れたフレームの製造には苦心したといわれる。その他，エンジンの露出を避けるために大型の一体成型樹脂部品を多用し，車体まわりなども骨をおった。

　スーパーカブの生産台数は，1958（昭和33）年下半期に23,909台，1959（昭和34）年上半期に59,435台，同下半期108,008台，1960（昭和35）年上半期212,110台，同年下半期352,255台，1961（昭和36）年上半期370,701台，同下半期370,701台，1962（昭和37）年上半期396,817台，同下半期380,729台，1963（昭和38）年上半期470,481台と推移している（太田原準　2000）。

　アメリカ市場の開拓については，当時社内では，四輪の普及していないアジア諸国にカブを販売するべきという意見が多かったが，藤沢はアジアよりもアメリカに進出することを主張して譲らなかった。アメリカで評価されることがバイク事業の成功を意味するものと考えていた。最終的に藤沢が自身の主張を通し，1959（昭和34）年にアメリカ・ホンダを設立した。しかし，当時のバイクは不良の乗り物というイメージが強く，そのイメージの払拭に努めなければならなかった。具体的には，「ナイセスト・ピープル・オン・ホンダ・キャンペーン」を行い，バイクの販売店の内装を変え，市民の入りやすい雰囲気の店舗にした。またスポーツ用品店，モーターボートの販売店にスーパーカブを置くなど販売店の新規開拓も行った（宇田川勝　2001：75-77）。

　その後も表6-2で示すように，「新市場」の開拓は行われており，スーパーカブは世界に広まった。2008（平成20）年には「生誕50年」を迎え，同年4

表6-2 スーパーカブの歴史

時期	事　項
1958年	初代スーパーカブ「C100」を発売埼玉で生産開始
1959年	アメリカへ輸出開始
1961年	台湾でノックダウン方式の生産(海外生産)を開始
1963年	ベルギーで生産開始
1966年	初の50cc「C50」を発売
1983年4月	累計生産台数1,500万台突破
1989年	ブラジルで生産開始
1991年	熊本県で生産開始
1992年3月	累計生産台数2,000万台突破
2002年	中国で生産開始
11月	累計生産台数3,500万台突破
2007年	国内モデルで電子制御式燃料噴射装置を初搭載

出典)『日本経済新聞』1983年4月9日付朝刊, 2002年12月18日付朝刊,『日経産業新聞』2008年8月27日付より作成。

月には全世界累計6,000万台を生産した[10]。ロングセラー商品となり,「グローバル・スタンダード」にまで成長したといえる。

シュンペーターのいう「革新」の①新製品の開発, ②新市場の開拓, ⑤新しい組織の実現がここにみられる。しかし, スーパーカブの「売り」である燃費の良さは, 改良の歴史でもある。半世紀かかって「グローバル・スタンダード」になった。そういった意味ではコールのいう「漸進的」な進化がみられたともいえる。

②クロスネジの採用

「クロスネジ」の採用はホンダに限らず, 二輪車業界さらには日本の工業全体にとって「革新」といえるものである。クロスネジとはネジの頭にある溝が「十文字」になっているものである。今日では当たり前のように利用しているが, 当時の日本にはマイナスネジしかなかった。両者の違い, 利用のメリットデメ

リットについては，マイナスはドライバーで巻かなければならないが，プラスは電動のネジ巻機で巻け，その点が大きな違いである。これを本田宗一郎がヨーロッパへの視察に出かけた時に，見学した工場からもち帰ってきたのである。本田は「クロスねじをつくって，組立てを始めたら，グーンと能率がよくなった。そのおかげで，三回目にTTレースに出て，完全優勝したんだ」と振り返っている（本田宗一郎 1992：34）。また，藤沢は「そのクロス・ネジも，はじめ日本の螺子(ねじ)メーカーにみせたところ，つくり方が分からないからできないというのであります。そこで，本田がそのメーカーに製造方法を教えた，というようないきさつがあります」と語っており，こうした小さなビス一本を見逃さず，その可能性，将来性をみきわめた「本田の炯眼(けいがん)は，まさに神技といっていいと思います」と敬意を表している（藤沢武夫 1998：47-48）。ホンダはクロスネジという部品，すなわち「半製品」にありつき，すでに「新しい生産方法」を完成させており，部品メーカーにそれを伝授したのである。

③ジュノオ号の失敗と他社の成功

次に前述のスクーター「ジュノオ号」についてみていくことにする。この製品が市場に送り出された頃，同社は経営危機に瀕していた。起死回生をねらい「プラスチックの車体で，すばらしいデザインのスクーター」と自信をもって発売した。そのプラスチックのボディーは「雨よけ」としての機能で，シュンペーターのいう「新品質」が盛り込まれ，期待された。その「利点」となるはずのものがエンジンを囲んでおり，冷却されないという「欠点」にかわった。加えて，車輪が小さいわりに重量があり，取り扱いが面倒であったということで販売は不振であった。本田技研工業はこのスクーターで「損」をしたが，三輪メーカーは「得」をしている。当時，三輪には運転手を覆う雨よけがなかく，雨天になるとずぶぬれになった。そこで，この利点をヒントにマツダなどの三輪メーカーが「幌(ほろ)」を開発し，運転台に付けてオート三輪を販売すると好調であった（藤沢 1998a：38-39）。

先発企業の失敗を跳ね除け,「2番手, 3番手」があきらめずに, 研究・改良を継続し, 次の商品や製品につなげて成功した事例といえよう。

おわりに

　以上, みてきたように, 二輪業界の発展を担ってきた本田技研工業は様々な革新を行ってきた。ただ, 全て順風満帆に, 一朝一夕にものごとは進んでいない。また,「模倣」的な要素も無視できないほど多く, 完全に「創始」したケースは非常に少なくなるといえる。そうした意味では, シュンペーターのいう企業家論を乗り越えようとしたコールの企業家論の方がフィットすることがらが多い。

　また, 本田宗一郎は「創造的破壊」という言葉を用いたとのことであるが,「常識というのは, 人間が考えたこと」「それを疑って打ち破っていくのが進歩」と彼なりの定義が付けられていた（本田宗一郎研究会　1998：51）。こうした考えのもとで, モノづくりを行ってきたが, 本田技研工業の重要な局面では, 藤沢のリーダーシップ, 意思決定が大いに関係しており, パートナーの存在を忘れてはならない。

　その後, 本田技研工業は1963（昭和38）年8月に軽四輪トラックT360, 10月に軽四輪を発売し, 四輪車製造に参入しF1GP参戦を宣言した。そして, 本田宗一郎はこうしたレースを動く「実験室」と呼び, スピードの追求と技術者の養成の場として最大限に利用した。

　そして, 同社は低公害のCVCCエンジンを製作し, 1972（昭和47）年12月に世界で初めてマスキー法の基準値をクリアした。これこそまさにシュンペーターのいう「革新」に該当しよう。そしてこの成果は, アメリカの大手自動車メーカーからも注目された。また国内の最大手のトヨタから技術支援を要請された。トヨタからすると, 技術, ノウハウ, 生産方法などの無形のものであるが,「半製品の供給源を獲得」したことになる。このCVCCエンジンを製作し

たのは本田ではなく，若手のエンジニアたちであった。後進の成長を確認し，1973（昭和48）年10月，本田宗一郎，藤沢武夫は，同時に社長，副社長を辞任した。本田の企業家精神を受けついだ人材たちに譲り，世代交代を果たしている。

注)
1) この辺の記述は，シュンペーター（1977），根井雅弘（2006）をもとにしている。
2) この辺の記述は，コール（1965），三島康雄（1961：96-102），榎木悟（1990），宮本又郎（1999）をもとにしている。
3) この辺の記述は富塚清（2001），自動車史料保存委員会（2012）をもとにしている。
4) ホンダ（2012）『有価証券報告書』の「事業・セグメント」。
5) ヤマハ発動機㈱（2011）『有価証券報告書』の「事業・セグメント」。本文中の構成比を合計すると，100%を超えるが，これは四捨五入の関係によるものと思われる。
6) スズキ㈱（2012）『有価証券報告書』の「事業・セグメント」。
7) 川崎重工業㈱（2012）『有価証券報告書』の「事業・セグメント」。
8) この節の記述は特に注記しない限り，井出耕也（1999）本田宗一郎（1996）『ホンダ50年史』（1998：24-26）をもとにしている。
9) 『日経産業新聞』1997年10月14日付。
10) 『日経産業新聞』2008年8月27日付。

参考文献
井出耕也（1999）『ホンダ伝』ワック出版部
井深大（1995）『わが友本田宗一郎』
宇田川勝（2001）「第3章　藤沢武夫（本田技研工業）　世界のホンダを演出したもう一人の創業者（佐々木聡編『日本の戦後企業家史―反骨の系譜』有斐閣）
榎本悟（1990）『アメリカ経営史学の研究』同文舘
太田原準（2000）「戦略的投資と経営者の役割―鈴鹿建設計画における藤沢武夫の意思決定を中心に」（龍谷大学『経営学論集』第40巻第2号）
コール, A. H., 中川敬一郎訳（1965）『経営と社会』ダイヤモンド社
自動車史料保存委員会（2012）『二輪車1908-1960』三樹書房
シュムペーター, J. A., 塩野谷祐一ほか訳（1977）『経営発展の理論　上・下』岩波書店
出水力（2002）『オートバイ・乗用車産業経営史』日本経済評論社
出水力（2011）『二輪産業グローバル化の軌跡―ホンダのケースを中心にして』日本経済評論社

富塚清（2001）『日本のオートバイの歴史』三樹書房
中川敬一郎（1981）『比較経営史序説』東京大学出版会
根井雅弘（2006）『シュンペーター』講談社
藤沢武夫（1998）『経営に終わりはない』文春文庫
藤沢武夫（2009）『松明は自分の手で』PHP研究所
本田宗一郎（1992）『得手に帆あげて―本田宗一郎の人生哲学』三笠書房
本田宗一郎（1996）『俺の考え』新潮文庫
本田宗一郎研究会（1998）『本田宗一郎語録』小学館
三島康雄（1961）『経営史学の展開』ミネルヴァ書房
宮本又郎（1999）『日本の近代11　起業家達の挑戦』中央公論新社
『ヤエスメディアムック　ホンダ50年史』（1998）八重洲出版
山本祐輔（1993）『藤沢武夫の研究―本田宗一郎を支えた名補佐役の秘密』かのう書房
由井常彦編（1995）『革新の経営史―戦前・戦後における日本企業の革新行動』有斐閣

日本自動車産業の成立と発展　第7章

はじめに

　日本の自動車産業は第二次世界大戦後，数多くの試練を乗り越え幾星霜を経て発展を遂げてきた。その発展は輸入，国内生産，輸出，海外現地生産という一連のサイクルを描いて発達を遂げている。

　日本の自動車企業は当初アメリカ自動車企業の足元にも及ばなかったが，戦後目覚ましい発達を遂げ，1980年代には生産台数においてアメリカ自動車産業を凌駕した。その後円高の進行・定着や先進各国の保護貿易主義的政策などの要因により海外現地生産を活発化させた。特にフォードやGMの母国であるアメリカに進出し現地生産を展開している。現在に至るまで日本の主要な自動車企業は現地生産にシフトすることとなり，日本自動車産業は新しい段階に入った。

　ひるがえってこのようにグローバル化し活発な海外事業活動を展開する日本の自動車企業が，いかに生成し発展してきたのかについてその歴史的発展のプロセスを辿ることを本章の目的としたい。本章においては現在日本の主要な自動車企業であるトヨタ自動車（以下トヨタと略記）と日産自動車（以下日産と略記）を取り上げ生成・発展のプロセスを概観する。また本章後半において戦後生まれの自動車企業である本田技研工業（以下ホンダと略記）も取り上げて同様の分析を試みたい。

1 輸入車から始まった日本の自動車産業

　日本に初めて自動車が登場したのは今からおよそ110年前の1900（明治33）年のことであった。日本に初めて姿を現したのは，横浜在住のトンプソンが輸入した「ロコモビル」であるとされる[1]。

　日本に外国製自動車がもたらされたのは比較的早い時期であったが，それを国産化することはきわめて困難な作業であった。それでも1904（明治37）年には日本で最初の自動車が作られた。その国産第1号車は蒸気自動車であり，世界で最初に自動車が作られたフランスに遅れること135年後のことであった。さらに1907（明治40）年には国産初のガソリン車である「タクリー号」が東京自動車製作所の手により完成した。こうした日本の自動車製造の歩みは遅々として進まなかった。自動車の国産化の努力は少なく，その要因としては当時からすれば外国製自動車を複製するには日本の技術水準はあまりにも低かったことがあげられる。当時の東京，大阪，名古屋，横浜，神戸，京都を走っていた自動車はすべて海外から輸入された自動車であった（松浦茂治　1990）。

2 国産化の努力と生産体制の構築

　日本初のガソリンエンジン車は既述の「タクリー号」である。これは吉田真太郎（双輪商会という自転車販売店を東京で経営）がアメリカからもち帰ったガソリンエンジンを内山駒之助（帝政ロシアで自動車修理を学ぶ）が共同で組立てた乗用車であった。この時期自動車製造を志す個人はいたが，当時の工業水準の低さや機械技術力の未発達が手伝い，その試みはことごとく失敗に終わっている（吉沢正広　1992）。

3 日産自動車の成立

　個人的な自動車国産化の挑戦が低迷している間に，組織的に自動車製造を試みようとする者たちが現れ始める。現在の日産自動車の前身会社 3 社のうちのひとつとなった快進社自働車工場である。同工場は橋本増治郎（1875-1944）を創業者とする日本における自動車国産化を目指した自動車企業の先駆的存在である。同工場創業者の橋本は，日本には日本の国土に適した自動車が必要であり，日本人の手によりそれらを製作しさらに輸出を志すという量産・輸出思想をもっていた。同工場は 1918（大正 17）年株式会社として快進社（資本金 60 万円）となり従業員 60 人規模の会社となった。同社はその頃試作車から標準型車製造の段階に進もうとしていたが技術上の課題，狭隘な国内市場，割安なアメリカ車の増加などいくつかの制約条件が重なり販売不振に陥った。そのため同社は販売面の強化を目的に 1925（大正 14）年（合資）ダット自動車商会を設立し販売の立て直しを図った。

　一方もうひとつの前身会社となったのは福岡・戸畑に設立された戸畑鋳物㈱である。これは後に日産グループ総帥として名を馳せる鮎川義介（1880-1967）が 1910（明治 43）年に設立した鋳造技術を基にした製品を製造する会社である。同社はやがて 1931（昭和 6）年にダット自動車製造㈱を傘下に入れ戸畑鋳物の自動車製造部門とした。ダット自動車製造は前身会社の中のひとつであり，その起源は 1919（大正 8）年設立の実用自動車製造㈱にさかのぼる。この会社は三輪車を開発したアメリカ人技師ウィリアム・R・ゴルハムが設立にかかわった会社である。この会社が既述のダット自動車商会と合併し，ダット自動車製造として生まれ変わったのである。そしてさらにこの会社が戸畑鋳物の傘下に入ったのである（日産自動車　1987）。

4 本格的な生産

　戸畑鋳物は1928（昭和3）年ごろから自動車部品製造を始め，国内の自動車製造企業や日本フォード，日本GMなどに鋳物部品を供給し始めた。そして1931（昭和6）年にダット自動車製造を傘下に収め営業目的に自動車製造を追加した。国産化の努力が開始され1932（昭和7）年には記念すべき第1号車の小型乗用車ダットソン（495cc）が完成した。翌33（昭和8）年には車名はダットサンと改められた。日産自動車の代表ブランドであるダットサンが誕生したのである。この成功に自信をもった鮎川は同年3月から戸畑鋳物に自動車部を創設した。ダット自動車製造から買収した同社大阪工場を戸畑鋳物大阪工場としダットサンの製造と日本フォードや日本GMに納入するための部品材料の製造を開始したのである。また同年10月には業容拡大を期して横浜新子安湾岸埋立地を工場用地として取得し組立工場を建設した。

　鮎川は自動車事業を確立すべく鮎川が設立した持株会社である日本産業（600万円）と戸畑鋳物（400万円）が共同出資して自動車製造㈱を同年12月26日設立（本社　横浜）し社長に就任した。そして同年末にはダットサンの製造及び営業権は自動車製造㈱に帰属することになった。1934（昭和9）年5月，日本産業の100％の出資を得て日産自動車㈱へと社名を変更した。そして翌年4月には横浜工場においてシャーシーからボディまでの一貫生産体制が完成した。そこにおいて70メートルのコンベア・ラインが設置され，日本で初めての一貫流れ作業による自動車の生産方式が確立された。1935（昭和10）年には横浜工場と大阪工場において年間2,800台の自動車が生産された（日産自動車1987）。

5 鮎川義介の自動車生産構想

　1923（大正12）年の関東大震災を契機にフォードそしてGMが日本に進出し

自動車の組立てを開始し，日本の自動車市場を文字通り席巻したことは既述のとおりである。日本製アメリカ車が日本の国土を疾走する姿を尻目に日本の自動車企業の発達は遅々として進んでいなかった。こうした状況下で鮎川は自動車生産への進出を決断した。鮎川はダット自動車製造を傘下に収めることで自動車製造進出の足掛かりを得た。ダットサンはフォードやGMのもつ車種とはサイズが違い，お互いに競合しない部分で鮎川は競争を仕掛けた。そして戸畑鋳物に自動車部を設置していよいよ自動車生産に本格的に参入する決意を固めた。戸畑鋳物と日本産業の共同出資を得て自動車製造㈱を設立し自動車製造専業企業を目指すことになったのである。鮎川は日本の自動車市場をほぼ独占しているアメリカ自動車企業に挑戦したのである。まず鮎川は戸畑鋳物での鋳造技術をもってそれら関連製品を製造し日本フォード，日本GMに納入した。両社は厳しい部材の品質基準を設けていたが，結果としてそれが戸畑鋳物をはじめとする日本の部材企業の製品の品質向上をもたらした。鮎川は両社に部材を納入することで，両社が組立てる自動車の実質的な日本国内における現地化を目指したのである（宇田川勝・生島淳　2011：114-115）。

6　鮎川義介の創業者精神

　鮎川の日産自動車設立についての精神は次のようであった。まず鮎川が念頭においたのは日本におけるアメリカ車の存在であった。日本の国土を我が物顔で走る姿をみて，鮎川はアメリカ車に対抗できる自動車を作りたいと考えた。そして日産自動車を創設した。鮎川は，自動車事業は将来にわたり国家的見地からみても，国際的見地からみても有意義な事業であると認識した。自動車を製造する工業を興こすことはこれからの日本の将来の発展にとって必要不可欠な要素になると確信を深めていった。

　自動車工業はコストと時間がかかる，そして規模の経済を得て価格を低減させるには継続的な量産をしなければならない。鮎川はこのような壮大な事業は

政府にしかできないことであると感じていた。しかし政府は一向にこの工業の振興に手をつけようとはしない。「国家レベルでなければ到底成し遂げることができない事業に政府も参加しない」ましてや「他のだれもが手を出そうとはしない」という状況をみて自分がやるしかないという決断を下したのである。鮎川はこの分野に進出するにあたり，長期的な展望をもち，本来政府が取り組まなければならない重要な産業と考えられていた自動車事業に進出した。そこには困難を乗り越えて前進しようとする開拓者精神をもった企業家の姿がみえる。そしてこの構想の実現を可能にした条件は日産コンツェルンがもっていた総合力であった（日産自動車　1987）。

7　トヨタ自動車の成立

　トヨタ自動車工業（以下トヨタと略称）は1937（昭和12）年に豊田自動織機製作所を母体として成立した。その推進者となったのは豊田佐吉（1867-1930）の長男喜一郎（1894-1952）であった。

　喜一郎は，受注生産を中心とする紡織機製造と，大量生産を志向すべき自動車製造にはその性格において違いがあることを理解していた。喜一郎はその違いを解決する方法として，自動織機部門と自動車部門を分離独立して別会社とする構想をもっていた。それを実現すべく37年8月に豊田自動織機製作所の現物出資と内部関係者の株式応募によって資本金1,200万円のトヨタ自動車工業が誕生したのである。初代社長には豊田佐吉の娘婿の豊田利三郎が就任し，喜一郎は副社長に就任した。その後41（昭和16）年には喜一郎は同社社長に就任している。喜一郎は本格的に自動車製造を志すことを決意し，かねてより購入していた挙母町（現豊田市）の用地（実測62万坪）に第1期工事として月産2,000台の生産能力をもつ新工場の建設に着手し，38（昭和13）年に竣工した（井上忠勝・吉沢正広　1995）。

8　喜一郎の自動車製造研究

　喜一郎は1920（大正9）年，東京帝国大学工学部を卒業して父の会社である豊田自動織機製作所に入社した。その後1930（昭和5）年3月，同社刈谷の織機工場の一角に研究室を設けガソリンエンジン制作の研究に取り掛かった。翌31年7月には約4馬力の小型エンジンを完成させている。そしてトヨタの母体となる自動車部を同製作所に1933（昭和8）年に開設した。翌34（昭和9）年9月には6気筒3,389ccのA型エンジン第1号を製作し，翌35年5月にはA型エンジンを搭載したA1型乗用車の試作第1号を完成させた。さらに同年10月にトラック第1号車となったG1型1.5トン積みのトラックを製作した。

　これまでのプロセスにおいて喜一郎は豊田自動織機製作所に蓄積されていた鋳造技術をはじめとする経営資源を活用して自動車生産に乗り出そうとした。外国技術の模倣によって達成された面も多くある。それと同時に喜一郎をはじめとする技術陣の情熱と努力によるものであることは疑う余地はない。

9　喜一郎の自動車生産構想

　トヨタが発足する1か月前の1937（昭和12）年に日中戦争が勃発した。その戦争がさらに太平洋戦争へと拡大していく中でトヨタの自動車事業はその影響を強く受けざるを得なくなった。喜一郎が自動車製造事業へ乗り出した本来の目的は大衆乗用車の製造にあった。1936（昭和11）年4月にはA1型試作車を一歩進化させたAA型の乗用車の製造を開始し，翌37（昭和12）年6月からは新しい構想のもとで小型乗用車の試作を始めていた。しかしながら，当時の軍からの要望や民間人が使用する乗用車の製造を原則として禁止する商工省通達（1938年9月）が出されるなど，トヨタは乗用車製造から退いて自動車事業の重点をトラック製造に置かざるを得ない状況のもとに立たされた。ここに喜一郎の大衆乗用車生産構想ははやばやと頓挫した。しかし，トラック生産が

乗用車を製造するについて繋がりがないはずはない。喜一郎の乗用車の大量生産構想は戦争という事態の前で断念せざるを得なかったが，この構想は終戦後復活し再生を遂げた（井上・吉沢　1995）。

10　本田技研工業の成立

　日産，トヨタの次に第二次世界大戦後誕生した本田技研工業（以下ホンダと略記）の成立についてみる。創業者本田宗一郎（1906-1991）は戦前に設立していた東海精機㈱の所有株式を戦後間もなくすべてトヨタ自動車工業に売却し，1946（昭和21）年静岡県浜松市に本田技術研究所を設立した。設立当初従業員は10数名という陣容であり，まさに町工場からのスタートであった。設立当初の製品は織機であったが，本田は資金的に負担が大きい織機製造をはやばやとあきらめ，現在の原付バイクの原型となった通称「バタバタ」を作り始めた。これは自転車に補助エンジンをつけその動力で前進するもので構造はきわめて単純であった。当初取り付けエンジンは外部から調達したものを使用した。外部調達のエンジンの在庫が底をつき始めると，自ら1947（昭和22）年ホンダ初の「Honda」のブランドを冠した自転車用補助エンジン「Ａ２型：2ストローク・50cc」を完成させ製造を開始した。翌年には本田技術研究所は資本金100万円で本田技研工業に改組されている。この「バタバタ」はよく売れたのであるが，本田は代金の回収にてこずり資金繰りに窮するようになった。この窮状を救ったのが1949（昭和24）年に入社した藤沢武夫であった。本田は技術面を担当し藤沢は経営やマーケティングを担当し二人三脚でホンダの経営に取り組み，現代のグローバル企業に成長する礎を築いた。1949（昭和24）年にはホンダ初の二輪車である「ドリームＤ型」を完成し製造を開始した。翌年には東京営業所を中央区に設置し，同時に北区にオートバイの組立工場も開設した。1952（昭和27）年には埼玉にエンジン工場を開設し，さらに同年本社を浜松から東京に移転した。

創立以来二輪車を作り続け 1952（昭和 27）年には早くも輸出に取り組み，開始した。1955（昭和 30）年には二輪車生産が国内トップとなり名実ともに日本を代表する二輪車メーカーの地位に就いた（宇田川・生島　2011：114-115）。

11　ホンダの経営理念

　本田は自身の経営哲学を表すために社是を掲げた。それはホンダは世界的視野に立つ経営を実践する，顧客の要請を聞く，性能の優れた廉価な製品作りに励む，という内容であった。この社是は 1956（昭和 31）年に制定したが，この内容はホンダ創立以来不断に社会に向けて発信され続けてきたものであった。この社是の意味するところは一見平凡そうにみえるところが，実はきわめて奥深いものであることである。それはこの社是の精神が創業以来一貫して実践され，ホンダをグローバル企業へ成長させる原動力にさせたところである。

　世界的視野に立つ経営という点でみると，ホンダは二輪車で日本における地位を不動のものにするが，それに満足することなく次々と世界を目指し進出を図った。1952（昭和 27）年には早くも二輪車の輸出を開始し，1963（昭和 38）年にはベルギーで二輪車を製造し始めた。1969（昭和 44）年にはドリーム CB750 をアメリカおよびカナダへ輸出し始めるなど，息つく間もなく海外展開したのである。その考えの根底にあるのは「日本一であるためには世界一でなければならない」という信念であった。

　乗用車部門への進出については，1963（昭和 38）年にスポーツカータイプの乗用車と軽トラック T 360 を発売し自動車製造へ参入した。ここにホンダは日本の自動車製造企業では最後発の自動車企業として四輪車部門に参入した。これを可能にした条件は，二輪車製造において培った技術力とブランド力であった。

　性能の優れた廉価な製品に関しては，大衆乗用車を量産することを通して広く大衆に受け入れられる自動車を販売することを念頭においたものであった。

この考えは鮎川義介や豊田喜一郎の大衆自動車を大量生産したいという思想に一脈通じるものがあるのではないか（衣笠洋輔　1979）。

注）
1）トヨタ自動車『創造限りなく　トヨタ自動車50年史』1987年，昭和33年の項参照

参考文献
井上忠勝・吉沢正広（1995）「トヨタ自動車の初期海外活動」愛知学院大学『経営管理研究所紀要』第2号
宇田川勝・生島淳編（2011）『企業家に学ぶ日本経営史』有斐閣ブックス
衣笠洋輔（1979）『日本企業の国際化戦略』日本経済新聞社
日産自動車（1987）『21世紀への道　日産自動車50年史』
松浦茂治（1990）『日本自動車産業の発展分析と展望』出光書店
吉沢正広（1992）「日本自動車産業の発展分析と展望―戦後を中心にして―」愛知学院大学

食品企業の成立と発展

第 8 章

はじめに

　企業の歴史を振り返ると，大企業のみならず，昨今では中小企業であっても，海外進出，ないしはグローバル事業展開といった出来事につきあたる。それではなぜ企業は海外進出するのであろうか。この疑問は国際経営論の課題であり，経営史家のジョーンズによって次のように説明されている。企業が海外事業展開を行うのは，進出国における競争相手がもっていないものをもっているという所有の優位が一要因となる。中でも企業者的能力はきわめて重要な所有優位である（Jones, G. 1995）。

　経営者の国際化の夢が，企業の国際化をすすめるうえで大きな役割となるのは，経営者の国際化への関心が，社内に浸透すると，社員にも同調する動きがみられるようになるからである（吉原英樹　2011）。昨今では，ユニクロの柳井正や楽天の三木谷浩史といった経営者の国際化への関心を一例にあげることができよう。彼らのパフォーマンスは，社員の間でも海外派遣を厭わなかったり，英語公用語化を受容したりと，企業の国際化に大きく影響している。

　本章では，食の海外進出の歴史を事例として，経営者の国際化への関心が，実際に企業の国際化にいかに伝えられていくのかを検討する。

　食の国際化の代名詞ともいえるファーストフードのマクドナルドは，いまや世界各国に展開している。同社が本格的な海外進出をおこなったのは1970年代のことである。アメリカのファーストフードチェーンの海外進出はほとんど行われていなかった時代であった。その未開の事業展開に挑んだのは，レイ・クロックに代わりフレッド・ターナーが社長になってからであった。一部の取

締役からは「狂気の沙汰」と批判されながらも，海外進出が行われたのは，ターナーのチャレンジ精神によるものであった（Love, J. F. 1986）。

アメリカを代表するもうひとつの食の企業コカ・コーラは，創業一族のキャンドラーが事業から離れ，その後に社長に就任したロバート・ウッドラフの時代に海外進出を果たした。「アメリカ軍がどこに進軍しようとも，兵士全員がコカ・コーラを飲むことができるようにする」というウッドラフの強い信念のもと，アメリカ軍の進軍とともにコカ・コーラが世界に広まった（Tedlow, R. S. 1990）。アメリカのビック・ビジネスの海外事業展開も，企業者活動があって初めておこなわれたのであった。

日本の食品会社の海外事業展開に目を向けよう。業種別海外生産比率（2009年度）によれば，製造業全体では17.2%となっているが，食料品は4.7%と低い数値になっている。もっとも高い輸送機械39.3%と比べると，その差は大きい。食料品業界は内需型産業の典型であるが，その中にあって，味の素，キッコーマン，日清食品の海外売上高比率（2011年度）はそれぞれ33.9%，44.0%，14.0%となっている。食文化は国，地域に根ざしたところが大きいがゆえに，食料品業界は内需型産業となりやすい。にもかかわらず，海外進出を果たしたこれらの企業の成功要因はどこにあったのだろうか。企業者活動に焦点をあてたとき，これらの企業はいずれもが創業者一族による経営という共通点がある。同族経営は，社長のカリスマ性という，メリットにも，デメリットにもなりうる特徴をもっているが，社長が企業の意思決定に及ぼす影響が大きいことは事実である。上記3社を取り上げたのは，企業経営のグローバル化における企業者活動の要素が明確に現われると考えたからでもある。

1 味の素

昆布から出るうまみの正体はグルタミン酸であり，「グルタミン酸塩を主成分とする調味料製造法」として1908（明治41）年に東京帝国大学教授の池田

菊苗が特許をとった。グルタミン酸の原料として，これを大量に含有し，しかも安い小麦粉に目を付け，「味の素」として事業化に成功したのは二代鈴木三郎助であった。もともとヨード事業で財を築いた二代三郎助は，第一次世界大戦後の不況でヨード事業が不振となったことで，次第に味の素の販売を経営の中心に据え，一般家庭向けに積極的な広告宣伝を行い，味の素の売り上げを伸ばしていった。

味の素の海外事業展開は二代三郎助のときから行われた。二代三郎助はヨードをはじめ，化学薬品の輸出を行っており，海外進出に対して抵抗がなかった上に，味の素の「世界的発明」という自信からも海外志向が強かった（『味の素グループの百年』2009年）。

しかし，問題は味の素という日本の食文化がどれだけ海外で受け入れられるかであった。したがって，最初は日本の植民地でもあり，食文化に共通性のあるアジア市場の開拓が中心であった。1910（明治43）年に台湾，韓国への進出を皮切りに，その後，中国にも進出していった。1918（大正7）年の味の素の輸・移出高は合計21トンで，その地域別内訳は，台湾12トン，韓国5トン，中国4トンであった。1917（大正6）年には原料小麦粉の買い付けと化学薬品の販売を目的としたニューヨーク事務所を設置した。しかし，同事務所は，第一次世界大戦後の販売不振を理由に1922（大正11）年に閉鎖し，原料買い付け業務のみを行うシアトル駐在所を設置した。1926（大正15）年にニューヨーク事務所が再開されると，1930（昭和5）年にニューヨーク鈴木商店（S. Suzuki & Co. of New York）を設置し，直接販売を行う本格的なアメリカ市場開拓が始められた（味の素株式会社　2009）。

だが，ここでの問題は，アメリカの食文化にどのようにして味の素を売り込むかにあった。これに尽力したのが，二代三郎助の息子・鈴木三郎であった。二代三郎助は巨額の販売開拓費を充て，三郎のアメリカ市場開拓を支援した。先述した1917年のニューヨーク事務所設置は，鈴木三郎の発案によるものであった。事業は一時後退した時期があったが，海外事業展開に不可欠な人材を

このとき獲得した。ニュージャージー州の製パン工場サミット神崎商店の支配人であった道面豊信を，三郎がアメリカ市場開拓のための人材としてスカウトした。道面は後に同族以外で初めて味の素の社長となった人物である。海外向けに道面が考えた味の素のPR方法は，どのような料理材料にも調味できる万人向けの調味料（シーズニング）「スーパーシーズニング」というものであった。味の素は当初，一般需要家向けに販促がおこなわれたが，なかなか受け入れられなかった。そこで，業務用にも販促したところ関心を示したのが，ハインツ（H. J. Heinz. Co.）やキャンベル（Cambell Soup Co.）といった缶詰食品会社であった。味の素は缶詰食品会社との取引を拡大することによって成功したのであった。1930年代には味の素の輸・移出は著しく拡大したが，中でもアメリカへの輸出が著しかった。1937年に輸・移出合計は1,510トンに達したが，そのうちアメリカ向けが341トンにもなっていた（味の素株式会社　2009）。

　味の素の経験は，二代三郎助の海外進出意欲が息子鈴木三郎に託されたというものであった。世襲には賛否両論あるものの，海外事業開拓という帝王学もまた引き継がれたのであれば，経営者の国際化への夢は，経営者の交代においても廃れることなく，持続することとなる。

2　キッコーマン

　キッコーマンは，1917（大正6）年12月に，江戸時代から続く醸造家の茂木・高梨一族と，明治期創業の堀切家の8家が合同して設立された野田醤油株式会社に始まる。醤油は，戦前よりすでに海外輸出が行われていた。1939（昭和14）年には8,825キロリットルが輸出された。最大の輸出先は中国で3,956キロリットルであった。同時期には，アメリカにも3,680キロリットル輸出されたが，主として現地に住む日系人の需要に応じたものであった。戦後の海外事業展開が戦前までと異なった点は，「非アジア系アメリカ人」の需要を掘り起こしたことにあった（キッコーマン株式会社　2000）。

1956（昭和 21）年 5 月に米・サンフランシスコの大手スーパーチェーンであるセーフウェイの店頭にキッコーマンの醬油が並べられた。1957（昭和 22）年 6 月には販売会社としてキッコーマン・インターナショナル・インコーポレーテッド（Kikkoman International Inc.）がサンフランシスコに設立された。「しょうゆは日本料理のためのソース」という概念を否定し，「Kikkoman というソース」を提供することを基本とした。しょうゆを日本料理と関連づけることは販売量の拡大につながらないと判断したからであった。それがデリシャス・オン・ミート（肉料理にぴったり）の照り焼き（Teriyaki）ソースとして受け入れられることになった。戦前の占領地を除く輸出のピークであった 1939（昭和 14）年の規模に達したのは，1965（昭和 40）年のことであったが，これは「非アジア系アメリカ人」向けを開拓したことによって達せられた（キッコーマン株式会社　2000）。

　以上のようなキッコーマンの「非アジア系アメリカ人」向けの開拓という転機はいつ，どのように生じたのだろうか。1946（昭和 21）年 1 月に 4 代目社長に就任した中野栄三郎は初代社長茂木七郎右衛門の次男である。同時期に常務となった茂木房五郎とともに戦後の経営立て直しに尽力した。中野栄三郎は社長在任 12 年間に及んだ 70 歳となった 1958（昭和 33）年 2 月に社長を退任すると，茂木房五郎が社長となった。新しい事業展開としての「多角化」と「国際化」は茂木房五郎のときに取り組まれたが，本格化したのは二代茂木啓三郎のときからであった。5 代目社長の茂木房五郎は，1962（昭和 37）年 2 月に退任し，二代茂木啓三郎が 6 代目社長に就任にした。「会社がしょうゆだけをつくっていればよい時代は終わった」として，新たな事業展開を次代の経営者に託したのであった（キッコーマン株式会社　2000）。

　茂木房五郎が社長のとき，後に 10 代目社長となる茂木友三郎が入社した。友三郎は，『キッコーマンのグローバル経営』を著すほど，国際経営に精通している。最近では，日本経済新聞の「私の履歴書」2012 年 7 月 1 日〜31 日に茂木友三郎の連載が発表された。以下，これらの記述に沿って茂木友三郎のキ

ッコーマンの「国際化」への関わりを中心にみていこう。
　キッコーマンには「各家から1世代1人に限って入社を認める」という不文律があった。有資格者としての友三郎は，このことを高校生くらいから意識し，当時社長の茂木房五郎の面接を受けてキッコーマンに入社した。それと同時に米・コロンビア大学に留学した。慶應義塾大学の学生時代に読んだP. F. ドラッカーの『現代の経営』に感銘を受け，アメリカ留学を決意した。1961（昭和36）年に留学を終えて帰国した友三郎は，2年間の経理の仕事を経た後，社長室配属となり，キッコーマンの長期計画策定の担当責任者となった。そのとき，当時キッコーマンがすすめていた「多角化」と「国際化」の現実につきあたった。その方向性が正しいと感じたがゆえに，海外事業の慢性的な赤字には疑問を抱いた。その問題の原因を国内市場における確実かつ圧倒的なシェアによる甘えからくるものだと認識した。友三郎が「真の国際化」とは，現地に工場を建設し，生産することであると主張したことで，社内においてアメリカ工場建設が検討されたためだ。これを契機に，1968（昭和43）年に現地生産の初期段階である瓶詰め作業が稼働した。1970（昭和45）年に海外事業部に異動となった友三郎は，工場建設プロジェクトのコーディネーターを担当した。現地調査は，コロンビア大留学時の友人の一人，マルコム・W・ペニントンに依頼した。彼は経営コンサルタントとして活躍していた。コンサルタントの調査をふまえ，1971（昭和46）年3月に友三郎は「アメリカ工場建設に関する案件」をまとめ，役員会で討議された。多くの役員が難色を示した中で，当時社長の茂木啓三郎がアメリカ工場建設を最終的に決断した。こうして1973（昭和48）年6月にアメリカ工場が完成した。アメリカ工場建設にはメリットも，デメリットもあったが，「真の国際化戦略のためには，アメリカに工場をつくるほうがよい」という結論であった。
　友三郎は1979（昭和54）年に取締役になり，輸出を含む海外事業全般を担当した。欧・豪州への進出を始め，アジア市場開拓のための生産拠点としてシンガポール工場建設の陣頭指揮もとった。社長時代を通じて年に10回は海外

に出張し，仕事に費やす時間の半分は海外関連であった。友三郎は社長に求められる条件のひとつに「常にグローバルな視点でものごとを考え，グローバルに行動することである」としている（茂木友三郎　2007）。そうした友三郎の「国際化」の意識は自身の留学経験から得たことであろう。経営者の国際化の夢は，同族経営の中で継承され，キッコーマンの「真の国際化」となって結実したといえる。

3　日清食品

　庭につくった10平方メートルほどの小屋が日清食品の即席めん開発の原点である。ここで創業者の安藤百福は油熱乾燥による即席めんの開発に成功した。1958（昭和33）年のことで，安藤はすでに48歳になっていた。チキンラーメンとして発売されたこの商品は，量産化に入る以前に，アメリカ輸出がおこなわれた。貿易会社の知人に頼んでサンプル品をアメリカに送ったところ500ケースの注文が得られた。このとき安藤は，「食べ物には国境がない」という，即席めんは将来世界的な食品になるかもしれないというかすかな予感がした（安藤百福　2002）。

　1966（昭和41）年に百福は海外進出をめざし欧米を視察した。このときチキンラーメンを2つに割ってコップに入れ，お湯を注いで食べるアメリカ人バイヤーの行為をみて，カップヌードルを着想した。1970（昭和45）年には味の素，三菱商事との合弁により米ロサンゼルスにアメリカ日清を設立，2年後には現地工場も完成した。創業者の思いは結実したかにみえたが，海外事業展開は順風満帆というわけではなかった。スーパーに陳列されたのは東洋人向けのコーナーであり，一般のアメリカ人が購入する場所ではなかった。つまり，アメリカの食文化に受け入れられたわけではなかった。しかし，「いくら食習慣の違うアメリカ人といえども，こんなにおいしくて便利なものを食べないわけがない」というのが安藤の持論であった。社内ではアメリカ進出に疑問をもつ意見

が多かったが，自らの持論を実現すべく，安藤が白羽の矢をたてたのが息子の宏基であった。米コロンビア大学に留学していた宏基のもとを突然訪れた安藤は，マーケティングを机上の空論といい，ロサンゼルスの工場ですぐに働くよう命じた。工場が稼働し始めたばかりの頃であった。宏基は，実演販売で徐々に売り上げを伸ばしていった中で，アメリカ人に受け入れられる商品として，スープの味を現地社会の人々にあわせるという「味の現地化」に取り組んだ。めんをすするという食習慣のない欧米人向けにめんの長さも日本の半分ほどにした。カップヌードルがもともと欧米人の食べ方からヒントを得て開発されたものであっただけに，そのアメリカ市場への投入も日本での販売の2年後という早さであった。

　宏基の日清食品での最初の仕事がアメリカ市場開拓であったことは，経営者の国際化の夢を次代の経営者に継承するために，次代の経営者になる可能性が高い人材を効果的に育成する行為であったととらえることができる。世襲の場合，継承する相手は明確となる。経営者の国際化の夢を伝達し，衰えることなく社内にも国際化の意識を浸透させ続けるという点では世襲は肯定されても良いのではないか。

おわりに

　食品業界における海外事業展開の事例として最後にカルビーを取り上げよう。企業を知る情報源として上場企業であれば「有価証券報告書」がもっとも代表的な資料であろう。その中には貸借対照表や損益計算書といった財務諸表はもちろんのこと，企業の歴史や役員の履歴，関連会社や店舗の状況など基本的な情報が載っている。有価証券報告書は現状を知るうえでは有益な資料ではあるが，リーダーが将来を語り，企業がいかなる長期的な戦略・ビジョンを掲げているかを知るには株主や投資家向けの「アニュアルリポート」(年次報告書) がより有益である。

2012（平成24）年3月期のカルビーのアニュアルリポートの表紙には，「Calbee Innovation Drives GLOBAL EXPANTION」と記されている。6ページにおよぶ松本晃会長兼CEOのインタビューが掲載され，そのほとんどが海外事業展開に関する内容であり，持続的な成長に向けた海外事業展開の必要性が述べられている。2012年度現在4.4％の海外売上高比率を30％以上に高めることが目標にされている。その理由は，日本市場の縮小に対して成長する新興国市場で事業を行うことが会社の成長につながるからである。そうした理由は，新興国市場を目指して海外進出を行っている多くの企業に共通するところである。しかし，ここで注目すべきは，カルビーがなぜ海外事業展開を行うようになったかである。

　カルビーは1949（昭和24）年4月に松尾糧食工業所を法人改組し，松尾糧食工業株式会社として広島市に設立されたことに始まる。1964（昭和39）年にかっぱえびせん，1975（昭和50）年9月にポテトチップスといった国民的な大ヒット商品を発売した。以後，それらは現在までも多くの国民の間で愛されるロングセラー商品となっている。同社は創業者松尾孝をはじめ，松尾家による経営が続いた。2005（平成17）年6月に同族以外からの社長として中田康雄が就任した。さらに2009（平成21）年4月より代表取締役会長兼CEOに就任した松本晃は，伊藤忠商事やジョンソン・エンド・ジョンソン日本法人社長をつとめた後，2008（平成20）年4月にカルビー顧問，同年6月に取締役を経た外部からの登用であった。トップマネジメントも，松本がCEOになってからは，代表取締役社長兼COOが社内生え抜きの伊藤秀二のほか，残りの取締役5人すべてが社外取締役によって占められた。社外取締役の中にはキッコーマンの茂木友三郎がいる。茂木がカルビーの取締役に就任したのは2009（平成21）年6月のことであった。

　カルビーの場合，こうしたガバナンスの変化が経営戦略の変化につながっている。同族による強いリーダーシップは，ときに優れた経営戦略を継承させることになるが，新たな企業戦略を立案すべく断絶させる際には，同族にこだわ

らないリーダーシップの選別が必要となる．カルビーの場合，決して衰退していたわけではない．したがって，同族経営を否定するものではないが，国際化という新たな道は，同族以外の新しいタイプの経営者によって推進されることとなったのである．

参考文献

Jones, Geoffrey (1995) *The Evolution of International Business: An Introduction*, International Thomason Business Press.（ジェフリー・ジョーンズ著，桑原哲也・安室憲一・川辺信雄・榎本悟・梅野巨利訳『国際ビジネスの進化』有斐閣，1998年）
吉原英樹（2011）『国際経営』（第3版）有斐閣
Love, John F. (1986) *McDONALD'S: Behind The Arches*, Bantam Books, Inc.（ジョン・F・ラブ著，徳岡孝夫訳『マクドナルド―わが豊饒の人材―』ダイヤモンド社，1987年）
Tedlow, Richard S. (1990) *NEW and IMPROVED: THE STORY OF MASS MARKETIHG IN AMERICA*, Basic Books, Inc.（R. S. テドロー著，近藤文男監訳『マス・マーケティング史』ミネルヴァ書房，1993年）
『味の素グループの百年―新価値創造と開拓者精神』（2009）味の素株式会社
キッコーマン株式会社編（2000）『キッコーマン株式会社八十年史』キッコーマン株式会社
「私の履歴書・茂木友三郎」（『日本経済新聞』2012年7月1日～31日）
茂木友三郎（2007）『キッコーマンのグローバル経営』生産性出版
日清食品株式会社広報部，フーディアム・コミュニケーション株式会社編（1998）『日清食品・創立40周年記念誌 食創為世 Essentials of NISSIN』日清食品株式会社
日清食品株式会社社史編纂プロジェクト編（2008）『日清食品50年史・創造と革新の譜』日清食品株式会社
安藤百福（2002）『魔法のラーメン発明物語―私の履歴書―』日本経済新聞社
安藤宏基（2009）『カップヌードルをぶっつぶせ！―創業者を激怒させた二代目社長のマーケティング流儀』中央公論新社

小売業における革新的行動

第9章

はじめに

　高度経済成長期，日本の小売業の中で大きな影響力をもつようになったのが，スーパーマーケットである。主な小売店が百貨店と小規模な商店であった時代，スーパーマーケットは「セルフサービス」で，「安売り」という新たなビジネスを提案し，消費者を取り込んでいった。

　スーパーマーケットには取扱う商品の構成比率によって，食品スーパー，衣料品スーパー，総合スーパーなどの名称区分がある。また，店舗の規模も比較的狭い商圏を対象にした地域密着型のものから，広い商圏をもつ大型店舗まで様々である。

　日本におけるスーパーマーケットの歴史は1950年代にはじまるが[1]，その発展の歴史を振り返るときに忘れてはならない企業が，ダイエーである。同社は1957（昭和32）年に創業し，1972（昭和47）年に売上高で小売業トップとなった。以後，長期にわたりスーパーマーケット業界をリードした。

　では，ダイエーはどのように誕生したのであろうか。どのような経営的な特徴を有しており，それは時代とともにどのように変化したのだろうか。同社の存在は日本の流通・小売のあり方にどのような影響を与えたのだろうか。これらの疑問の解明を通じて，流通・小売業界で起きた革新に関する理解を深めていくことにする。

1　ダイエーの誕生

創業者・中内㓛

　ダイエーの創業者は中内㓛である。中内は1922（大正11）年に大阪にて生まれた。1939（昭和14）年，彼は貿易事業を営むことを夢みて神戸高等商業学校（現在の兵庫県立大学）に入学した。しかし，在学中の1941（昭和16）年，時代は第二次世界大戦に突入した。中内は学校を繰上げ卒業となり，軍隊へ入隊した。1944（昭和19）年に派遣されたフィリピンでは，飢餓に苦しみ，負傷がもとで生死をさまよった。戦線では，多くの人が戦死する光景も目のあたりにした。物資が極度に不足した状況下に置かれ，物流の重要性を強く認識した。

　復員後，中内は戦後の混乱期の中で，ブローカー商売を始めた。医療機関から放出された医薬品を入手し，それを路上で販売した。いわゆる闇商売であった。1948（昭和23）年には，父親の知人とともに神戸・三宮に「友愛薬局」を開き，事業拡張を図った。駐留軍からの流出品が主な取扱商品であった。

　1951（昭和26）年になると，中内は弟の中内博が社長を務める「サカエ薬品」（大阪市東区平野町）の仕事を手伝い，そこで仕入れを担当した。サカエ薬品では，午前中に顧客から商品と買値を聞き，前金を受取った後に，大阪・道修町などの問屋をまわって商品を調達した。商品は資金繰りの苦しい問屋から現金で仕入れることで，安く調達することができた。仕入れた商品は，午後に注文した顧客に渡した。サカエ薬品はこのような商取引を行うことによって，安売りの店として評判になった。やがて一般客も来店するようになった（中内㓛　2000）。

ダイエーの創業

　1957（昭和32）年，中内は弟が経営していたサカエ薬品から独立し，大阪・京阪電鉄千林駅前に「主婦の店　ダイエー薬局」を開いた。店は30坪ほどの面積で，医薬品とともに化粧品を扱った。主力商品である医薬品は，定価の3〜4割引で販売した。当時はまだ生活物資が不足していた時代であった。中内

は物不足に悩む主婦のための店づくりを目指した。

　ところが，低価格を武器にした販売手法に対して，競合企業も現れた。ダイエー薬局の3軒隣にあった京阪薬局（現在の「薬ヒグチ」）が，そのような店であった。同社もダイエー薬局に対抗し医薬品の安売りを始めたため，乱売合戦が繰り広げられた。

　こうした事態を打開するために，中内は競合企業との違いを出す必要に迫られた。中内は社員や外部の声を聞くなどして検討した結果，菓子類を取扱うことにした。娯楽が少なかった時代，人々は夜になると近所の家庭に集まり，菓子を食べながらテレビをみていた。そのため，菓子の購入頻度は高かった。必要な時にしか購入しない医薬品よりも，菓子は集客効果が期待できた。この狙いは成功し，店の売上は伸びていった。日本は大量消費時代に突入しようとしていた。中内は大量消費の中心となる大衆市場を対象にビジネスを展開した。

　なお，菓子は当初は対面的な量り売りであったが，この売り方では繁忙時に手間がかかり，販売に支障をきたした。そこで，前もって菓子を袋に詰めておき，それを来店客が自分で取ってレジで代金を支払うようにした。これが同店でのセルフサービスの始まりであった。これらのビジネスの経験は，知識やノウハウとして社内に蓄積されていった。

2 事業の拡大

チェーン展開の着手

　千林駅前に次いで，1958（昭和33）年には神戸市の三宮に2号店を開いた。三宮店では千林店と同様に医薬品，化粧品などを販売した。所得水準が向上し，消費意欲が高まるなかにあって，三宮での商売も上手くいった。この成功を受けて，中内はさらに店舗数を増やした。1961（昭和36）年には店舗の数は6店となった。1962（昭和37）年には，売上高が100億円を突破した。

　店舗数の増加とともに，取扱商品数も増やしていった。食の洋風化に合わせ

て牛肉やハム・ソーセージ、インスタント食品などの加工食品を扱うようになった。医薬品などと同様に、これら食品の低価格販売も実施した。ドラッグ・チェーン構想から始まったダイエーの事業活動は、次第にスーパーマーケット・チェーンの展開へと変容していった。

チェーン展開の動きはその後さらに加速した。1962（昭和37）年、中内は全米スーパーマーケット協会の創立二十五周年記念式典に出席したが、この式典でアメリカ大統領であったJ.F.ケネディの「アメリカの豊かな消費生活を支えているのはマス・マーチャンダイズ・メソッド（大量商品開発方式）であり、…（中略）…スーパーマーケットを通して豊かさが実現されていく社会こそ、全国民が願い求めている社会である」（ダイエー社史編纂室　1992）というメッセージを耳にした。この言葉に感銘を受け、中内は「豊かな社会の実現」を経営理念として掲げるようになった。それと同時に、これまで以上に低価格で商品を提供できる仕組みを構築する必要性を感じた。

帰国後、中内は「ナショナルチェーン化」をダイエーの最重要課題として掲げた。低価格販売を実現するためには、販売量を増やす必要があった。販売量が増加すれば、メーカーに対するバイイング・パワーが高まり、仕入れ価格を低くすることができるのである。また、販売量の増加にともない、商品ひとつ当たりに要する固定費の負担を軽減できるのである。

しかし、商圏の制約から、ひとつの店舗で売ることのできる販売量には限界がある。そこで、複数のチェーン店を全国的に展開することで、全体としての販売力を高めようとしたのである（知念肇　1997）。また、全国的なチェーン展開にすることで、競合企業の出現、天候不順、災害の発生といった予期せぬリスクを、地理的に分散させることができる。販売量を増加させるためには、計画的に戦略を実行する必要がある。そのためにも、ナショナルチェーン化の実施は重要な意味をもっていた（中内功　1969）。

このような考えから1963（昭和38）年1月、中内は兵庫・西宮にチェーン本部を開設した。チェーン本部に商品部を設置し、本部が仕入れを担当した。

そうすることで，店舗が販売に集中できるようにした。このように仕入れ機能と販売機能の分業体制を構築した。また，従来型の対面販売に代わるものとして，セルフサービスによる店舗運営の型も固めていった。精肉などのパッケージ化や商品陳列の工夫などがなされた。さらに，流通センターも稼働させ，チェーン店全体を意識した経営が展開されるようになった。

大型店舗の開発と出店攻勢

　1963（昭和38）年7月，中内は神戸市三宮に地下1階，地上6階建ての新たな店舗を開設した。売り場面積は960坪であった。店には「SSDDS」（Self Service Discount Department Store）という看板が掲げられた。これは，ひとつには「セルフサービス」，つまり顧客が商品に直接触れて選び，購入する方式を採用するという意味があった。当時一般的には店員と客は対面的に商品の売買を行っていた。この対面的な商品の案内や接客サービスを無くすというのである。その代わりに「ディスカウント」する，つまり接客に必要な人員を減らし，人件費などを削減することで，商品を安く提供するというのである。店では「デパートメント・ストア」，つまり百貨店のように多種類の商品を取扱った。実際に同店では「リンゴからダイヤモンドまで」をキャッチフレーズに，食料品，衣料品，家電製品，宝飾品など，多種多様な商品を販売した。店には専門店がテナントとして入居した。複数のジャンルにまたがる商品を，1カ所で購入することができるワンストップ・ショッピングを実現したのである（中内　2000）。

　一般的に，スーパーマーケットでは食料品部門の利益率が低かった。特に生鮮食料品の取扱いが利益率を押し下げていた。生鮮食料品は加工，冷蔵，冷凍のための設備に多額の投資を必要とするうえに，商品管理技術が未熟な時代にあっては，商品の廃棄率が高く，損失を被ることがあった。このため，粗利益率を確保するためには，利益率の高い衣料品や住居用品も同時に取扱う必要があった。そうしたことから，ワンストップ・ショッピングの実現は重要な意味をもっていた（矢作敏行　1998）。

三宮店の他にも，中内は大型店の出店を加速させた。1964（昭和39）年には大阪・豊中に庄内店をオープンさせた。建物内に銀行，医療施設，美容室，教養施設，ゲームコーナーなどを設置し，SSDDSよりもさらに施設を充実させた。この店は「日本初のショッピングセンター」として宣伝された。

　また，1968（昭和43）年からは大阪・寝屋川に日本初の郊外型ショッピングセンターを開設したのをはじめ，全国各地に郊外型店舗を次々と出店した。地価の安い郊外であれば，都市部よりも低価格で商品を提供することができた。自動車や冷蔵庫の普及と，包装技術の進歩が，郊外型店舗の展開に追い風となった（知念肇　1997）。

　さらに1969（昭和44）年以降，関東への進出も果たした。東京・町田に新規出店したのをはじめ，首都圏での出店攻勢を強めた。都心から30〜50キロ圏内に，半円形状に次々と店舗を開いた。この出店攻勢はその姿から「首都圏レインボー作戦」と名づけられた。

　このように大型店舗の開発と全国的な出店攻勢を加速させた結果，1970（昭和45）年にはダイエーの売上高が1,000億円を突破した。さらに，1972（昭和47）年には売上高が1,359億円となり，百貨店の三越を追い抜き小売業界売上高首位となった。1980（昭和55）年には，売上高が日本小売業で初めて1兆円を突破した。

メーカーとの対立と協調

　中内が行った低価格販売は消費者の支持を得た。しかし，一方で各種の企業や団体・組織との間に軋轢も生じていた。一般的に，メーカーによって生産された商品は卸や問屋に流れ，さらにそこから小売店へと運ばれていた。このような流通機構の中で，メーカーが価格をコントロールしていた。例えば，消費財メーカーは価格政策として建値制を導入していた。メーカーが自ら「メーカー仕切り価格」，「卸売り価格」，「標準小売価格」を定め，価格体系をつくっていた。この価格体系をベースに，卸店や小売店に各種リベートを支払っていた。

メーカー主導型の価格政策が実施されていたのである。したがって，中内が行った小売側が価格を決定するという行動は，メーカーの意に反するものであった。こうしたことから，各メーカーはダイエーと対立するようになった。

例えば，家電業界トップの松下電器（現在のパナソニック）は「ナショナルショップ」と呼ばれる自前の販売経路を構築していた。これらの店と特約を結び，自社製品の価格を維持していた。価格政策の統制が難しいスーパーマーケットとの取引を避けていた。仮に取引に応じたとしても，価格維持政策を徹底させ，自社製品がロス・リーダーとならないようにしていた。

松下製品は人気ブランドであり，ダイエーにとっても魅力的であった。そうしたことから，ダイエーでも1964（昭和39）年から松下製品を扱っていた。しかし，ダイエーは松下電器が容認していた定価の15％引きを上回る20％引きで製品を販売した。そのため，松下電器はダイエーへの製品納入を停止するほか，ダイエーに製品を供給した問屋との取引も中止した。販売価格を維持したい松下電器と，低価格販売を実施するダイエーとでは価格決定に関する考え方が異なっていた。両社の対立関係はその後およそ30年に渡り続いた。ダイエーとメーカーとの対立は，食品，衣料品，日用品メーカーとの間でも生じた。

こうしたなか，ダイエーに歩み寄り，協調路線をとるメーカーも現れた。例えば東洋紡は1962（昭和37）年にダイエーと紳士用カッターシャツ「ブルーマウンテンカッターシャツ」を共同開発し，これをダイエーに納入した。商品はダイエーのみで販売される，いわゆるプライベート・ブランド商品であった。商品のパッケージにはダイエーと東洋紡の社名が併記された。

プライベート・ブランド商品はその後，カネカ食品との共同開発商品である「ダイエーマーガリン」や，日本製粉との共同開発商品である小麦粉「ビーナス」など，様々な商品に広がっていった。ダイエーの安売り商法の前に，メーカー側は妥協策として，自社のナショナル・ブランド品と類似したダイエー専用商品をつくることを選択したのである（矢作　1998）。

プライベート・ブランド商品の開発はさらに進み，1978（昭和53）年の「ノ

ーブランド」，1980（昭和55）年の「セービング」といった商品のシリーズ展開へと発展した。これら商品は，宣伝広告費や営業費がかからないことからナショナル・ブランド商品よりも利幅が大きく，また他の小売店との差別化にもつながることから，取扱いの重要性が高まっていった。

コングロマリット構想の推進

　スーパーマーケットという新たな小売業態をリードし，社会的な地位を確立したダイエーであったが，やがて異業種へ参入した。例えば1969（昭和44）年，紳士服専門店の「ロベルト」を設立した。これはダイエーの紳士服売り場部門を分離独立させたものであった。ロベルトは1980（昭和55）年には売上高が238億円に達し，業界首位となった。また，1970（昭和45）年には日本初のハンバーガーチェーンである「ドムドム」や，ステーキレストランの「フォルクス」を設立し，飲食業界へ進出した。1971（昭和46）年には音響機器メーカーの「クラウン」と資本提携を結び，製造分野へも進出した。

　このように，ダイエーは異業種への進出を図ったが，この動きはその後さらに加速した。1973（昭和48）年に大規模小売店舗法が制定されたことが，その背景にあった。同法により，新たに大型店舗を出店する際に，店舗面積や開店時刻，休業日数などで制約を受けるようになった。スーパーマーケットを取り巻く経営環境は厳しさを増していった。そのため，中内はスーパーマーケット以外の領域への進出を試みたのである（森田克徳　2004）。

　例えば，1974（昭和49）年にはアメリカのローソンミルクと提携し，ダイエーローソンを設立（1975年）した。これによりコンビニエンス・ストア業界への進出を果たした。1979（昭和54）年には，ディスカウント・ストアの「ビッグ・エー」を設立した。これは店舗面積でみるとスーパーマーケットよりは小規模であるが，コンビニエンス・ストアよりは大きなものであり，両業態の中間に位置するものであった。1980（昭和55）年にはフランスの百貨店オ・プランタンと提携し，合弁会社「オ・プランタン・ジャポン」を設立（1981年）し

た。札幌，東京，大阪，神戸で百貨店経営に乗り出した。

　このほか，1988（昭和63）年に中内は私財を投じて神戸に「流通科学大学」を開校した。同年，プロ野球の南海ホークスを買収し「福岡ダイエーホークス」を設立した。さらに同年，新神戸駅前に「新神戸オリエンタルシティ」を開業しホテル事業に参入した。1992（平成4）年には人材・総合サービスの「リクルート」の株式を取得し，同社をグループ企業とした。

　このように，中内はスーパーマーケット事業にとどまらず，異業種への進出を図った。ダイエーをコングロマーチャント（複合小売業）へと導いていった。この拡大戦略のために必要な資金は，銀行からの借り入れにより調達された。自己保有する株や土地といった資産が借入金の担保となった。1980年代後半，日本は株価や地価が実際の価値以上に上昇する，バブル経済のなかにあった。株や土地の値上がりにより，ダイエーの保有する資産の評価額が上がっていた。このために資金は容易に調達することができ，企業成長のための源泉となった（鳥取部真己　2009）。

3　経営再建に向けて

経営の苦悩

　コングロマーチャント構想を推進し，事業の多角化を試みたダイエーであったが，その構想は順調に進んだわけではなかった。1983（昭和58）年2月期に，連結決算で初めて65億円を超す赤字を計上した。百貨店のプランタン，音響機器メーカーのクラウン，ディスカウント・ストアのビッグ・エーの経営が芳しくなかった。こうしたことから，子会社の構造改善と本体の収益力向上を目指した「Ｖ革」を進めた。改革は着実に進められ，1986（昭和61）年2月期には連結で黒字に転じた（中内　2000）。

　しかし，この業績回復は一時的なものであった。1990年代になると経営状況は再び悪化した。その理由のひとつに，バブル経済の崩壊があった。日経平

均株価は1989(平成元)年12月のピーク時には最高値38,915円87銭をつけたが,翌年の10月には最安値20,221円86銭となった。その後も株価は下落し続けた。地価も一時期は都内で年70％という上昇率を示したが,その後マイナスに転じ,長期にわたり下落した。

　株価や地価が下落したことで景況が悪化し,企業の倒産が相次いだ。不良債権を抱えた金融機関は資金の回収を急いだ。「失われた10年」と呼ばれる時代に突入した。ダイエーもまた資産価値の上昇に依存した財務戦略が失敗し,資金繰りが悪化した。さらに消費が冷え込んだことで,売上げが減少した。経営的に厳しい状況に陥った。

　このほか,競合企業との競争の激化も売上や利益に大きな影響を与えた。スーパーマーケット分野での競合企業であったイトーヨーカ堂は,ダイエーの拡大路線とは対照的に,無理な出店を控えて収益性の高い店舗づくりに注力していた。そのため,ダイエーよりも景気低迷の影響が限定的であった。また,もうひとつの競合企業であったイオンは,地価が下落した後の経営環境の中で,大型店舗の出店攻勢を強めた。これら企業は次第にダイエーの市場を奪い始めた(鳥取部　2009)。

　ユニクロ,マツモトキヨシといった「カテゴリー・キラー」と呼ばれる企業が出現したこともまた,ダイエーの経営に大きな影響を与えた。多くの商品を揃えることで経営資源を分散させていた総合スーパーとは対照的に,カテゴリー・キラーは衣料品や医薬・日用品といった特定の分野に特化することで経営資源を集中し,総合スーパー以上の品揃えと価格の安さを実現した。ダイエーはこれら企業との競争で劣勢になった(鳥取部　2009)。

　さらに,ダイエーの経営に追い打ちをかけたのが1995(平成7)年に発生した阪神・淡路大震災であった。一部地域では震度7の激震が生じ,死者6,434人を記録した。この震災により,ダイエーの各店舗も大きな被害を受けた。その被害総額は400億円となった。

　このようなことから,1995年(平成7)2月期の決算でダイエーは256億円

の損益となった。1957（昭和32）年の創業から成長を遂げてきた経営は低迷の時代を迎えた。

経営再建の試み

　1998（平成10）年，ダイエーグループ全体の借金は総額で2兆6,000億円となった。本業であるスーパーマーケットの業績が悪く，再建策を練る必要に迫られた。中内は「味の素」の元社長であった鳥羽薫を迎え入れ，長男の中内潤との三者を中心に経営再建に取り組んだ。この時，リクルートやローソンなどの優良子会社を売却して負債を圧縮するほか，既存店の改装などを進めた。しかし，長期不況という厳しい経営環境の中で，業績を回復させることは難しかった。この結果を受けて，1999（平成11）年に中内はダイエーの社長を辞任し，また2001（平成13）年には取締役も退任し，経営の舞台から退いた[2]。

　その後，後任である高木邦夫社長のもとで人員削減や赤字店舗の閉鎖，既存店の強化などに乗り出したが，再建計画は上手く行かなかった。そうしたことから，2004（平成16）年には自主再建を断念し，産業再生機構へ支援を求めた。産業再生機構の下では，商社の丸紅を中心に経営再建が進められた。しかし，これも十分な成果を得ることができなかった。そこでダイエーは2007（平成19）年にイオンと業務・資本提携を結び，業績の回復を試みている。

おわりに

　以上，ダイエーの誕生や経営的な特徴とその変化，日本での流通・小売業における革新的な行動についてみてきた。ここではこれまでの内容を要約し，結語としたい。

　まず，ダイエーは商品の低価格販売という新たなビジネスを展開した。商品の価格決定権がメーカー側にあった時代にあって，その試みは冒険的なものであった。ダイエーの中心的な役割を果たしたのが，中内㓛であった。中内は消

費者の支持を得ながら，価格破壊を実行した。

　ダイエーの経営的な特徴は薄利多売にあり，そのためのチェーン展開と大型店舗の開発が進められた。大規模小売店舗法などの法的規制によりスーパーマーケットの展開が難しくなると，コンビニエンス・ストア，ホテル，人材・総合サービスなどの異業種へ参入し，コングロマーチャントとなることを目指した。株価や地価といった不動産価格の上昇が構想を推進した。しかし，バブル経済の崩壊という逆風のなかで経営危機に陥り，再建が図られることとなった。

　ダイエーは経営再建という状況に陥ったものの，同社の事業展開はメーカーや問屋が支配していた従来の流通構造に風穴を開けるものであった。中内は日本の流通近代化を推進するとともに，大衆消費社会の出現に多大な影響を与えた。

注)
1) 日本で初めて店舗名にスーパーマーケットという名称を用いたのが1952（昭和27）年の「京阪スーパーマーケット」であり，初めてセルフサービスを導入したものが1953（昭和28）年の紀ノ国屋（東京・青山）であるといわれている。
2) 中内はダイエーを退任後，流通科学大学学園長・理事長の職についた。その後2005（平成17）年9月19日に脳梗塞のため死去した。享年83歳であった。

参考文献
ダイエー社史編纂室（1992）『For the Customers　ダイエーグループ35年の記録』
知念肇（1997）『現代日本流通論』中央経済社
鳥取部真己（2009）「企業変革」嶋口充輝・内田和成・黒岩健一郎編『1からの戦略論』碩学舎
中内㓛（1969）『わが安売り哲学』日本経済新聞社
中内㓛（2000）『流通革命はおわらない』日本経済新聞社
森田克徳（2004）『争覇の流通イノベーション』慶應義塾大学出版会
矢作敏行「総合スーパーの成立」嶋口充輝・竹内弘高・片平秀貴・石井淳蔵編『マーケティング革新の時代④』有斐閣

運輸業の成立と発展

第10章

はじめに

　陸海空のそれぞれの運輸業界トップ企業の海外売上高比率をみると，以下のようである。

表10-1　主たる運輸会社の海外売上高比率

	2006年度	2011年度
全日空	10％未満	11.3％
日本郵船	25.6％	24.0％
日本通運	21.0％	21.6％
ヤマトホールディングス	2.3％	1.2％

資料）各社，有価証券報告書より筆者作成

　近年の円高や国内需要の低迷，アジアを中心とする需要拡大によって海外進出が加速化し，各社の海外売上高比率は急速に高まっている。しかし，運輸業の海外売上高比率をみると，その割合は高くても2割程度であり，しかも最近5年間の推移をみてもほとんど変化がない。宅配便の雄であるヤマトホールディングスも，その割合はごくわずかであり，最近5年間では割合が低下してさえいる。

　陸運の国内事情は，国内貨物輸送量も，積み合わせ（路線）貨物輸送量も，いずれも減少傾向にあり，宅配便個数も頭打ちの状況にある。輸送需要が減少すれば，当然のことながら1社当たりの輸送量も減少することになる。業者間

による熾烈な貨物の奪い合いが生じる。量を維持するために他業者を合併・買収（M＆A）するという方法が，現実に路線トラック業界において近年活発になっている[1]）。

　他方では，質を上げる方法もある。高付加価値の新しい輸送サービスを提供するというものである。宅配便は，一般の貨物輸送に比べると，高付加価値の輸送サービスである。企業間のB（Business）to B（Business）の荷物の配送とは異なり，宅配便は一般家庭や個人の間を行き来するC（Customer）to C（Customer）を開拓し，いまや通販市場に代表されるB（Business）to C（Customer）の輸送を支えて成長した。

　しかしながら，物流企業は，総じて海外売上高比率が低く，内需依存度が高い。国内貨物輸送量は減少の一途をたどっており，宅配便市場であっても頭打ちの状況にあることからも，今後海外進出が経営戦略の中心に置かれることは間違いないであろう。それでは，海外進出に際しての課題は何か。企業が海外進出を成功させるには，①商品・サービス・技術などに競争の優位性があるか，②国際経営のノウハウがあるか，③海外進出の不確実性に耐えうる経営体力があるか，といった要素が不可欠となってくる。このことは裏返せば，内需型企業が海外進出を行うに際して，①国内の顧客に適した製品やサービスが海外の顧客に受け入れらない，②国際経営のノウハウがほとんどない，③本体の経営体力が弱体，といった困難に突き当たることになる（吉原英樹　2011）。

　たしかに，バブル期に海外のホテル経営に進出した日本の航空会社の事例を上記にあてはめてみると，②国際経営のノウハウがないにもかかわらず，余剰資金を理由に海外進出を果たしたが，③バブル崩壊とともに国内本体の体力がなくなり撤退に至った。国際経営となると，そのノウハウが蓄積されていなければならず，経営体力を有した，ある程度規模の大きな企業でなければ難しい（関谷次博　2006）。

　本章で，物流会社の海外進出に注目するのは残された①の課題である。国際化への道は，単なる国内事業の延長であっては，差別化要素は乏しく，進出国

企業に対する競争上の優位性を築くのが難しくなる。企業が海外事業展開を行う理由のひとつには，進出国における競争相手がもっていないものをもっているという所有の優位がある（Jones, G. 1995）。そのような優位が築かれるには，国内事業において一番手企業（first mover）にならなければならない。その過程を経て海外事業展開へとつながっていくのが有効であろう。以下では，トラック運輸会社を中心とした国内での一番手企業確立の過程から，それが海外事業へとどのように展開されていくかを検討する。

1 鉄道貨物輸送の衰退とトラック輸送の発展

国内貨物輸送量（トンキロ）を輸送機関別でみると，1950年時点では，鉄道338億トンキロ，内航海運255億トンキロ，トラック54億トンキロというように，全体の約半分を鉄道が占めていたことになる。しかし，鉄道の輸送トンキロは，1960年度に内航海運，66年度にトラックのそれに追い抜かれてしまった。高度成長期が終わりをつげた1973年度には，鉄道584億トンキロ，内航海運1,387億トンキロ，トラック1,410億トンキロとなり，鉄道の割合は17％まで低下した。この間にもっとも成長したのはトラックであった。鉄道輸送が伸びなかった要因を，一口にいえば，供給力（輸送力）の不足にあった。鉄道は貨物の増大に対処できず，駅に貨物が滞留するという「駅頭滞貨」という問題がたびたび発生していた。池田勇人の「所得倍増計画」や田中角栄の「日本列島改造論」といった，時の総理大臣によって語られた日本の経済成長のための長期ビジョンにも，国鉄輸送力の不足がネックであると指摘された。

駅頭滞貨問題を解消したのは，鉄道輸送力の拡充ではなく，鉄道からトラックへの貨物転移であった。最初の頃は，近距離貨物をトラックに転移するという方針のもと，政策的にトラック輸送に貨物が振り向けられた。鉄道駅での集荷・配達を担っていた通運業者が主としてその役割を担い，集荷・配達の距離を伸ばすことで，鉄道輸送を補完した。ところが，ドア・ツー・ドア（door to door) の柔軟なトラック輸送は，鉄道を補完する近距離輸送にとどまらず，鉄道輸送の欠点をついて次第に中・長距離輸送へと進出していった。戦後のトラック輸送は鉄道輸送を量的に上回ったばかりでなく，質的にも鉄道に匹敵する輸送を行い，やがて鉄道を凌駕した。加えて，鉄道を補完する役割を担っていた通運業者も，次第に長距離トラック輸送を行うようになり，鉄道輸送の競争相手となっていった。

鉄道貨物輸送の衰退は，輸送力不足をはじめとする鉄道自身の欠点によるところもあったが，その欠点をついたトラック運輸会社の成長戦略によるところもまた大きかった。以下では，そうしたトラック運輸業における一番手企業の確立について，長距離路線トラック事業，宅配便，3PL といった第二次世界大戦後から現代に至る成長分野を順にみていくことにしよう。

2 戦後〜高度成長期：長距離路線トラック事業の成長

西濃運輸は 1946（昭和 21）年 11 月に水都産業として発足した。1948（昭和 23）年 11 月に大垣市〜名古屋市間の路線免許を取得した後，翌 49（昭和 24）年 12 月に大垣市〜大阪市間，さらに翌 50（昭和 25）年 12 月に名古屋市〜東京都間の路線免許を取得し，大阪午後 3 時発，東京翌日午後 1 時着の「弾丸便」輸送を開始した。東京〜大阪間の路線は高度成長期にはゴールデンロードと称され，この区間の取り扱い貨物が急増し，長距離路線トラック事業の急成長をもたらした。さらに，西濃運輸は自社の取り扱い貨物を高めるため，配送先の地域で「水屋」と呼ばれる地場の運送業者を利用する業界慣行を脱して，自社の営業所を設置する方法をとった。自社で最後まで輸送の責任を負ったほか，同時にその地域の集荷を行うことで，定期便が空荷で帰ることなく，往路・復路での積載率向上につとめたのであった。

東京〜大阪間の長距離路線トラックの進出時には，箱根の山越えに相当な苦労があったようであるが，路線免許をいち早く取得したことはその後の長距離

路線トラック事業の発展をみれば，先見の明があったと評される。ただ，この行動においてもっとも評価されるべきは，規制産業において適した行動であったということである。この点をヤマト運輸の事例と比較してみてみよう。

　ヤマト運輸は，大正8（1919）年11月に大和運輸として創業，三越呉服店（現・三越）の市内配送を主として営業を開始した。「定期・定路線・積合せ」という戦後に道路運送法で定められた路線事業の先駆けとなる事業を開始し，戦前までに関東一円の路線網を確立した。ところが，戦後の長距離路線トラックの進出に対して同社は出遅れた。創業者であり，当時社長の小倉康臣がこれに強く反対したためであった。ただし，それは当時の車両性能や道路事情からすれば当然の判断であった。馬力の不足する車両では箱根の山越えは困難であったし，高速道路はまだ存在していなかった。アメリカから日本の道路事情を調査するために来日したラルフ・J・ワトキンス率いる調査団が，報告書の中で「日本の道路は信じ難い程悪い」と酷評した時代であった。しかし，同業他社は続々と長距離路線トラック事業に進出していった。そのような他社の動きをみて，ヤマト運輸が東京～大阪間の路線事業免許を申請したのは1957（昭和32）年1月のことであった。そのときにはすでに同一路線には69社が進出しており，その上，1957（昭和32）年末までに24社，翌1958（昭和33）年に11社が同一区間の路線免許を申請したことで，供給過剰と判断され，運輸省（現在の国土交通省）は直ちに免許を与えなかった。業界の過当競争を避け，健全な経営が行われるよう，需要（貨物量）と供給（業者数）とのバランスをはかり，業者数を制限していたためであった。いわゆる新規参入規制である。ただし，需給バランスを判断するための明確な統計数値が運輸省にあったわけではない。判断材料は，新規参入の免許申請があったとき，既存の業者からの反対があるか否かであり，反対があれば供給過剰と判断されるというものであった。その場合，公聴会が開かれ，新規業者と既存業者がともに意見陳述をし，その内容をふまえて運輸省が判断を下した。このような状況から，いち早く免許を有することは既存業者にとって既得権益となり，新規参入を阻む競争上の優位性と

なったのである。結局，ヤマト運輸に東京～大阪間の免許が下りたのは，公聴会を経た後の1959（昭和34）年11月のことであった。この先行業者との遅れは大きく，後にヤマト運輸社長となる小倉昌男は「すでに主な荷主は同業者に抑えられ，貨物が集まらないのには頭を抱えてしまった」と当時を述懐している（小倉昌男　1999）。

高度成長期のトラック運輸業の花形は長距離路線トラック事業であった。そのことを示す事例を二つ紹介しよう。

1950（昭和25）年から1970（昭和45）年にかけてのヤマト運輸の売上高の伸びが4億円から161億円へと約40倍であったのに対して，同期間の西濃運輸の売上高は1億円から210億円へと210倍に急拡大した。ヤマト運輸は戦前までに関東一円の路線網を確立し，定期便の先駆けとなったが，戦後に発足した西濃運輸が長距離路線トラック事業に進出したことで同分野での一番手企業となったのである。

また，鉄道の末端輸送を担った通運事業の最大手日本通運でさえも，戦後は長距離路線トラック事業へと事業転換していった。下表において，日本通運の通運事業と貨物自動車事業の輸送成績をみると，通運事業を主たる事業としていた同社が，次第に貨物自動車事業の収入を高め，1970年には貨物自動車事

表10-2　日本通運の事業別輸送成績

	通運事業			貨物自動車事業		
	数量 （千トン）	金額 （千円）	トン当たり 金額（円）	数量 （千トン）	金額 （千円）	トン当たり 金額（円）
1955年	61,730	13,982,464	227	9,387	5,005,425	533
1960年	72,225	20,382,941	282	12,080	9,082,484	752
1965年	69,764	30,451,453	436	18,706	20,572,484	1,100
1970年	70,650	41,000,014	580	28,561	45,142,841	1,581

資料）『有価証券報告書・日本通運株式会社』（各年版）より筆者作成
注）各年4～9月期

業の収入金額が通運事業のそれを上回ったことが確認できる。そのような事業転換をもたらしたのは，トン当たり金額を比較することで理由がわかる。貨物自動車事業のトン当たり金額は，通運事業のそれの2〜3倍であり，採算性が高かったのである。貨物自動車事業の高収益は，いうまでもなく長距離輸送への進出によるものであった。

3 安定成長期以降：宅配便の成長

　戦前に関東一円の路線網を確立したヤマト運輸であったが，戦後の長距離路線トラック事業の進出には出遅れた。高度成長期の成長戦略を実施できなかった同社が起死回生を果たすべく，新たな展開として注目したのが宅配便であった。そのきっかけは，長距離路線トラック事業に進出した後，同業他社に比べ自社の利益率の悪い原因を突きつめたことにあった。トラック運賃は重量逓減制（重ければ重いほど運賃が安くなる）であったため，1口当たりの個数が多い大口の荷物は，トラックの積載率を高めても収入は低かった。他方，1口当たりの個数の少ない小口荷物は，トラックにどれだけ多く積み込めるか，すなわち集荷活動が鍵となるが，それが達成されれば収入を飛躍的に高めることができた。ヤマト運輸の場合，大口荷物を主としていたがために収入が低かった（小倉 1999）。1口1個に近い宅配便は収入を高める究極の方法であったが，集荷には大変な手間がかかった。荷主は工場や事業者ではなく一般家庭であった。集荷の数が増えるだけでなく，荷物はいつ，どこで，どれだけ発生するのか予測ができなかった。商業貨物であれば，ある程度決まった荷主が，決まった場所に，決まった荷物を運ぶため，輸送作業もある程度平準化しやすい。そのためトラックも，人員も予め決められた配置が可能となり，採算を考慮しやすかった。一般家庭を荷主とする宅配便はそれまでとはまったく異なるビジネスモデルを構築しなければならなかった。トラック運輸業者の誰もが敬遠した分野であり，採算を度外視した郵便小包が取り扱っていたに過ぎなかった。

ヤマト運輸が宅配事業の問題を克服したのは集荷・配達のネットワークを確立したことにある。航空業界における「ハブ・アンド・スポーク」という言葉を一時期よく耳にしたことであろう。自転車の車輪に例えたもので，軸にあたるハブとそこから張り巡らされた線（スポーク）を意味する。中核となるハブ空港を拠点に，その周辺の地方空港をむすぶことで，ハブ空港間に大型機を就航し，ハブ空港と地方空港は小型機を就航すれば，輸送効率が良い。これを宅配便にあてはめると，一般家庭から集めた荷物は最終的に都道府県間をむすぶ拠点（ベース）に集約すれば，ベース間の輸送効率を高めることができる。そして，一般家庭からの荷物を集荷する拠点（センター）は警察署と同じ数だけ配置した。地域の治安を維持する役目としての警察署の数に合わせれば，地域の集荷ニーズにも対応できると考えたからであった。

1976（昭和51）年1月，社内の反対を押し切って，父からのバトンを受け継いだ小倉昌男のリーダーシップのもと「宅急便」を商品名として営業を開始した。開始当初のサービスエリアは「都内23区と都下および関東6県の市部」であった。ヤマト運輸が地盤としていた関東一円からスタートしたが，一般家庭を荷主とするには，特定の地域だけを対象とすることには限界があった。ライバルの郵便局が日本全国を配達エリアとしている以上，これと対等でなければ競争できなかった。ヤマト運輸はほどなく全国ネットワークの確立に向けて動いた。しかし，ここで小倉昌男は最大の難問に突き当たった。路線免許の取得である。先述したように，既存業者の既得権益が強くはたらく免許制度下において，新規路線免許の取得は容易ではなかった。免許を取得していた業者を買収したり，新規免許申請に際して公聴会の場で激しい攻防を繰り返したりした。小倉昌男の著書にも，「運輸省との闘い」という項目があるほど，彼は免許制度下の運輸省の理不尽な対応に相当な怒りを覚えた（小倉　1999）。こうした様々な困難の末に，1986（昭和61）年に全国ネットワークが完成した。宅配便を開始してから10年の歳月を要した。

4 現代：3PLへの注目

　トラック運輸会社といえば，トラックを使って荷物を輸送している会社というイメージがもたれる。しかし，輸送という行為は，商品がある場所からある場所に移動する過程の一部に過ぎない。トラックに荷物を積み込み，下ろす荷役という作業も必要である。さらには積み込む前，あるいは下ろした後に商品を保管することも必要である。「物流」はそうした行為の総称であり，輸送・配送，保管，荷役，在庫管理，流通加工，情報管理などから成る。もともとアメリカで発祥した3PL（Third Party Logistics）は，荷主と運送会社を仲介するフォーワーダーと呼ばれる第三者（Third Party）が，荷主に代わって運送会社の手配や運賃交渉などを行う事業であった。1970年代終わりから80年代にかけての輸送産業の規制緩和によって生まれた（齊藤実　2005）。こうしたアメリカでの成功事例から，日本でも3PL事業に進出する業者が今日増えているが，トラック輸送会社の場合，輸送のみならず，荷主の物流全般を引き受け，これをコーディネートしようとする動きから，3PLに発展しているケースが多い。3PLの大手企業である日立物流のケースを以下にみてみよう。

　日立物流は1950（昭和25）年2月に日東運輸として創業した。過度経済力集中排除法による分割・解体を前に，日立製作所が工場，営業所の運輸部門を分離・統合して創設した。1958（昭和33）年2月に同社は東京〜大阪間の長距離路線トラック事業に進出した。もともとの主たる輸送が，日立製作所から出荷された荷物を貸し切って輸送する区域事業であったから，1荷主貸切型輸送はときに積載率が悪かった。そのため不特定多数の荷主からの荷物を積み合わせて輸送することのできる路線事業への進出をはかったのである。1962（昭和37）年に日立〜東京間，翌63（昭和38）年に東京〜大阪間の路線免許を取得した。

　日立物流は，高度成長期のトラック輸送の花形であった長距離路線トラック事業に進出したものの，ヤマト運輸の事例でみたように，この時期の路線事業

への進出は先行企業に比べるとかなり遅れていた。そのため，①大手は路線が主体であったが，同社は区域が主体であった，②大手は自社集配車を用いて30キロ圏内を集配エリアとしているが，同社は集配の多くを他社に委託していた上，集配エリアも60キロ圏内にまで及んでいた，③大手はターミナルを有して，ターミナル間輸送を行っているが，同社はターミナルが少ない上に，他社と連絡して中継輸送する場合が多かった，といった理由から決して良好な輸送成績があげられたわけではなかった（日立物流　2000）。

　先述したように，長距離路線トラック事業で成長した西濃運輸の場合，いち早く路線免許を取得し，集荷・配達に際しては配達先の運送業者を利用せず，自社の営業所を設置し，配達とともに集荷を行うことで，路線トラックの往路・復路の積載効率を高めていた。ヤマト運輸の小倉も，路線事業で採算性の悪い自社に比べて，採算性の良い西濃運輸は「善い循環」にあるとして次のように説明している。「西濃運輸は名古屋に鉄筋コンクリートの大きなトラックターミナルを建てていた。能率が上がるからサービスも良く，荷主の信用が高いから収入も伸びていく。財務体質が強いから設備投資もどんどん行われ，労使の関係も良好だった」（小倉　1999）。日立物流の長距離路線トラック事業進出への遅れは，上記の②と③の劣位点にあげられるように，自社営業所の設置やターミナルの建設も後手に回る結果となり，一番手企業との格差を広げられることとなった。

　路線事業について，一番手企業の西濃運輸の優位性に比べると，ヤマト運輸や日立物流は明らかに劣位にあった。一番手企業の優位を崩すことは相当に難しく，ヤマト運輸は宅配便という新たな市場に進出することとなった。日立物流の場合，70年代に入ると早くも路線事業を縮小し，総合物流に活路を見出していったのである。90年代に同社は路線事業から完全に撤退した。

　日立物流の総合物流への進出は，荷主企業の物流業務（輸送，保管，荷役，包装，情報）の全般を一括して請け負うものであり，日立製作所の運輸部門から分離独立した企業であったため，物流コストの低減を目的とした日立グルー

プの物流を請け負うかたちで始められた。「一貫元請」という名称で，1957（昭和32）年に日立グループ内の工場から始められ，オイルショック以降になると，減量経営の必要性から物流コスト低減にも拍車がかかり，日立グループの多くの工場が日立物流に「一貫元請」された（日立物流　2000：117）。荷主との強い結びつきが必要とされる総合物流事業は，日立物流にとって日立グループとの結びつきが新分野進出に際しての大きな強みとなった。

　西濃運輸が「総合物流商社」として単に荷物を運ぶだけではなく，関連する物流業務を担うという将来構想をかかげたのは1979年のことであった（西濃運輸五十年史編纂委員会　1997）。オイルショック以降の減量経営の時期であり，貨物量の伸びにも一時陰りがみえた時期であった。路線事業には後発の劣位性に直面した日立物流ではあったが，強みを生かしていち早く3PL事業に進出したことで，当該事業では大手となりえたのであった。

おわりに

　上記までに取り上げた一番手企業のもっとも古い海外進出事例は次のようである。西濃運輸は1970（昭和45）年8月にコスモエキスプレスを買収し，西濃コスモエキスプレスとして国際航空貨物輸送に進出した。ヤマト運輸は1980（昭和55）年4月に米国ヤマト運輸を設立した。日立物流は1976（昭和51）年7月に合弁会社サウスイースト・エイシアンエクスプレスを設立し，日立グループのシンガポールでの物流業務を担った。

　海外進出が国内で培われた経営資源という所有の優位をもとに行われるのであれば，経営資源は他社では真似のできない自社独自のものである必要がある。西濃運輸とヤマト運輸を比較した場合，前者が路線事業での一番手企業，後者が宅配便での一番手企業であり，ともに国内では当該事業での経営資源を蓄積したことであろう。しかしながら，路線事業の場合，他社に先駆けて免許を取得することが既得権益となって新規参入を阻んだが，宅配便の場合，新しいビ

ジネスモデルの構築による郵便局との競争をはじめ，類似の商品を提供する同業他社の参入で激しい競争に見舞われながらも，次々と新しいサービスを追加することで一番手企業として確立された。この二つの事業の大きな違いは「競争」環境であり，競争にさらされた中で培われた経営資源とそうでないものとでは，いざ海外事業展開をした場合に，それが所有の優位となりうるかという違いとなってあらわれてくる。海外でも国内と同一の環境条件（規制の内容）にあるとは限らないからである。海外事業展開に際しては，単なる国内事業の延長ではなく，国内で培われた経営資源がどこまで通用するかを見極め，場合によっては新しい戦略を展開する必要がある。

注）
1）近年では，2009年4月のセイノーホールディングス（西濃運輸）による西武運輸の買収，2009年10月の福山通運による王子運送の子会社化などがあげられる。

参考文献

Geoffrey Jones *The Evolution of International Business: An Introduction* International Thomason Business Press 1995（ジェフリー・ジョーンズ著，桑原哲也・安室憲一・川辺信雄・榎本悟・梅野巨利訳『国際ビジネスの進化』有斐閣，1998年）.
吉原英樹（2011）『国際経営』（第3版）有斐閣
関谷次博「グローバル時代の物流」（吉沢正広編著（2006）『入門グローバルビジネス』学文社）
西濃運輸五十年史編纂委員会編（1997）『西濃運輸五十年史』西濃運輸株式会社
ヤマト運輸株式会社社史編纂委員会編（1991）『ヤマト運輸70年史』ヤマト運輸株式会社
小倉昌男（1999）『小倉昌男　経営学』日経BP社
齊藤実編著（2005）『3PLビジネスとロジスティクス戦略』白桃書房
株式会社日立物流編（2000）『日立物流50年の歩み』株式会社日立物流

粧業ビジネスの成立と発展

第11章

はじめに

　今日，企業のブランドは必須の管理対象のひとつとして挙げられよう。この章では，まず，ブランド・マネジメントの研究および企業での実践の様子を概観する。そして粧業ビジネスの成立・発展と最大手メーカーの資生堂の沿革を浮き彫りにしていき，同社のブランドがいかにして築かれ，マネジメントされているのかを考察していく。

1　ブランド・マネジメント

(1)　ブランド・マネジメントの浸透

　「ブランド」については，研究者，研究機関によってなされる定義は，さまざまで一様ではない。ブランドそのものの研究はマーケティングの領域から重要な要素として，古くから行われているが，マネジメント（management：管理），あるいはブランドという無形の「資産」という観点から取り扱われるようになったのは，比較的新しいことといえよう。

　田中洋氏は著書で，従来のマーケティング・マネジメントとブランド・マネジメントの差異を明確にするために，①トレードマーク・マネジメント→②ブランド単位のマーケティング・マネジメント→③ブランド価値マネジメント，という3つのレベルを挙げた。①については，登録商標管理，ブランドデザイン管理，偽ブランド管理を意味する。②は日本の企業でよくみられるもので，単独のブランドが売れるかどうかを主眼とするものである。③は高い価値のブ

ランドを創出し，長期的顧客に支持されるようにすることであり，これが本来のブランド・マネジメントといわれるものである（田中洋　2002：26-32）。

　ブランド・マネジメントについての研究の流れは，アメリカを中心に80年代から始動し，90年代から本格化したといえる。デビッドA. アーカーが意欲的に研究成果を上げている。主たる成果は日本語にも翻訳され，『ブランドエクイティ戦略』，『ブランド優位の戦略』，『ブランド・リーダーシップ』が「三部作」として挙げられる。その後も多数の著作を発表しており，アーカーはブランド・マネジメント研究の第一人者となっている。その他，2000（平成12）年にケビンL. ケラーが『戦略的ブランド・マネジメント』を発表し，ハーバード・ビジネス・レビューでも「ブランド・マネジメント」の特集が組まれ，ブランド・マネジメントの概念・定義は広まっていった。

　わが国では，初期の研究としては，1984（昭和59）年に和田充夫『ブランド・ロイヤルティ・マネジメント』が発表されている。このように80年代のものもみられるが，研究成果の量からすると，90年代の初めに開花し，後半から多くの成果が生み出され，本格化したとみるべきであろう。これらに加えて，実務面でも博報堂，電通など大手広告業者が専門組織を設置し，経験から導き出したノウハウをベースにコンサルティング業務を始め，企業のブランド・マネジメントをサポートしている。

(2)　日本企業におけるブランド・マネジメントの展開

　実際の「現場」において，ブランド・マネジメントについてどのような動きがあったのであろうか。1990年代から企業でのブランド・マネジメントが注目され，今日にいたっては，社内の組織として専門の部署を設置する企業も増えてきている。有力企業での導入期の様子は表11-1に記すことができる。

　その後の10年，企業のブランド・マネジメントはどの程度まで浸透したであろうか。日経産業消費研究所が実施した「第2回日本企業のブランドマネジメント動向調査」におけるアンケートとその回答（有効回答数：製造業146社，

表 11-1　有力企業のブランド管理実践組織

社名	組織名称	設置時期
ソニー	CI コミッティー	1991 年
	ブランドマネジメント室	1997 年
ネスレ日本	コミュニケーションズグループ	1994 年
	ブランドチャンピオン	1998 年
アクセンチュア	アクセンチュアグローバル・ブランド・チーム	1998 年
味の素	ブランド委員会	1999 年
日産自動車	ブランドマネジメントステアリングコミッティ	1999 年
	BICFT（クロスファンクショナルチーム）	1999 年
NEC	コーポレート・コミュニケーション部	2000 年
	CI・ブランドグループ	
富士通	コーポレートブランド室	2000 年
資生堂	コミュニケーション企画部	2001 年
シチズン	マーケティング本部ブランド企画室	2001 年
ライオン	マーケティングプランニング室　ブランド管理グループ	2002 年
KDDI	マーケティング統括部　ブランド管理グループ	2003 年
リコー	コーポレートコミュニケーションセンター	2003 年
ミツカン	ブランドマネージメント部	2004 年
エスエス製薬	ブランド管理室	2005 年
キリンビバレッジ	商品企画部　基盤ブランドマネジメントチーム	2006 年
東洋ゴム	ブランド推進室	2007 年
ソフトバンク	ブランド推進室	2008 年

出典）博報堂ブランドコンサルティング（2009）『図解でかわる　ブランドマネジメント〔新版〕』日本能率協会マネジメントセンター，p.27

非製造業90社）をもとに見ていこう。ブランド・マネジメントを行う組織の設置状況については，2000（平成12）年のデータをみると，「専門の部署がある」または「委員会などがある」と回答した企業は47.4％と半数近くに及んでいる。さらにその2年後には63.9％と推移しており，わずかな期間でかなり活発化してきたといえる。そして「製品ブランド」の管理者・スタッフの配置状況につ

いては，次のような結果が出た。①すべてのブランドに設置している…製造業：19.2％，非製造業：12.2％，②多くのブランドに置いている…8.0％，4.4％，③一部のブランドに置いている…17.1％，22.2％，④置いていない…54.8％，56.8％。①～③の合計，製造業者34.3％，非製造業者38.8％の企業がなんらかの形で管理者を置いている。また，ブランド・マネジメントを行う上でのスローガンの有無については，「ある」と回答した企業は61.7％となり，半数を超えている（日経産業消費研究所　2003：17-19）。企業の中でも「ブランド・マネジメント」への意識が高まってきているといえる。

2　化粧品ビジネスの展開[1]

(1)　明治から第二次世界大戦までの様子

　化粧の習慣は古くから確認されているが，ここでは工業化，ビジネスという観点から化粧品を見て行くことにする。明治期には欧化政策から上流階級でわずかに需要があり，化粧品は輸入品が使用された。一方，国内の化粧品はというと，「びん付油」，「香水」，「香油」などが輸出されていた。化粧品の工業化が進展したのは明治末から大正にかけてであった。化粧品の販売については薬店や小間物店で行われていた。しかし，これらの商店では化粧品は儲かる商品ではなく，主力商品となることは少なかった。そうした状態から化粧品は安売りされ，仕入原価を割り込む状態で販売される「乱売」が常態化していた。化粧品メーカーはこの問題に苦しめられ，対応しなければならなかった。戦前の大手化粧品メーカーの代表格は東京の平尾賛平商店と大阪の中山太陽堂であった。両社の製品ブランドから「東のレート，西のクラブ」と呼ばれていた。また両社は華やかな広告を展開しており，業界でイメージ形成をリードしていたことでも有名であった。

　戦時体制に移行すると，化粧品メーカーは貿易の制限から原材料の輸入・調達が思うようにできなくなった。また国家も質素倹約を薦め，1940（昭和15）

年7月7日,「奢侈品等製造販売制限規則」が施行され,化粧品は「ぜいたく品」として扱われるようになった。さらに非常に高い率の物品税がかけられるようにもなり,化粧品メーカーは何重苦にも悩まされ,経営は厳しい状態に陥っていた。

(2) 第二次世界大戦後の様子

　第二次世界大戦後,多くの化粧品メーカーは復興に努めた。戦中に重荷となった様々な規制は解かれた。しかし,原材料の調達難は戦中同様続き,物品税は高い状態のままであった。これらの問題は経済・流通の回復に伴って徐々に解決されるが,乱売の再発,資本の自由化による輸入品への対応など新たな問題が浮上した。それでも業界は高度経済成長期の中で発展した。オイルショック以降,日本経済は低成長時代に入り,業界も1ケタ成長に転じた。1985（昭和60）年に「1兆円市場」となったが,その後,大きな伸びを見せることはなくなり,今日もその状態が続いている。

　また,化粧品の流通は長らく①制度品,②一般品,③訪問販売品,④通信販売の4つの形に分けられてきた。①の流通については,「メーカー」→「販売会社」→「チェーン店」という形をとっていた。この流れは,「再販売価格維持制度」（以下,再販制度）によって支えられ,メーカーがイニシアティブを握っていた。資生堂,カネボウ,コーセーなど30弱のメーカーが採用していた。再販制度は段階的に縮小され,1997（平成9）年に廃止される。これにより,メーカーが固守した独自の販売チャネルは弱体化していき,商品の流通については小売業態別での対応に移っていくのであった。

　そして,ほとんどのメーカーが採用していたのが,②のルートであった。これは「メーカー」→「問屋」→「小売店」というごく普通の流通である。③はメーカーが特約店・営業所に商品を流し,それをセールスマン,セールスレディが販売する方式である。ポーラ,ノエビア,オッペン化粧品などが採用していた。④はテレビ,カタログで紹介されている化粧品を電話,ファックスで注

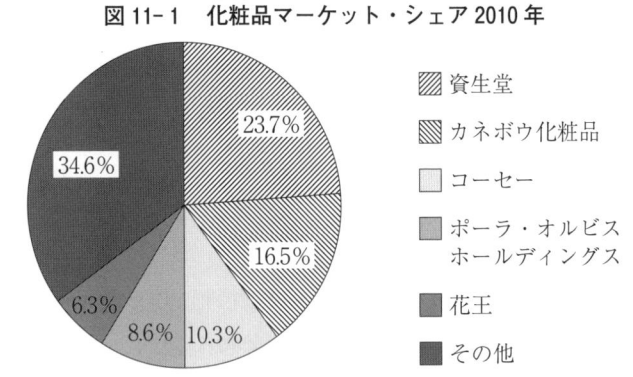

図 11-1 化粧品マーケット・シェア 2010 年

- 資生堂: 23.7%
- カネボウ化粧品: 16.5%
- コーセー: 10.3%
- ポーラ・オルビスホールディングス: 8.6%
- 花王: 6.3%
- その他: 34.6%

出典）日経産業新聞編（2011）『日経シェア調査195 2012年版』日本経済新聞出版社, p.263

表 11-2 過去5年間の化粧品マーケット・シェア上位4社

	2005	2006	2007	2008	2009
1	資生堂	資生堂	資生堂	資生堂	資生堂
2	カネボウ化粧品	カネボウ化粧品	カネボウ化粧品	カネボウ化粧品	カネボウ化粧品
3	コーセー	コーセー	コーセー	コーセー	コーセー
4	花王	花王	ポーラ・オルビスホールディングス	ポーラ・オルビスホールディングス	ポーラ・オルビスホールディングス

出典）日経産業新聞編（2011）『日経シェア調査195 2012年版』日本経済新聞社, p.262

文する販売方式で，無店舗が特徴といえる。最近ではパソコンの普及とインターネットの活用が一般化し，これらを通じて売買されるようになってきている。化粧品販売の有力なルートになりつつある。

「日経産業新聞」の公表するシェアに注目し，業界の様子を見ておく。表11-2に示すように，5年間の中で順位の入れ替わりはみられるが，上位4社は資生堂，カネボウ，コーセー，ポーラ，花王である。2010年のシェア（図11-1）を見ると，最大手の資生堂は約4分の1を占めている状態である。

3 資生堂の沿革[2]

(1) 創業からの歩み

　1872（明治5）年に資生堂は福原有信が洋風調剤薬局として銀座で創業している。福原は事業意欲も旺盛で，他に生命保険会社，銀行，鉄道会社の創設や経営にも関わった。創業当初の経営は非常に苦しかった。西南戦争の勃発，コレラの流行から薬品の需要が増加し，なんとか経営を維持できた。有信は新しいもの好きで，当時，新業態店の「ソーダ・ファウンテン」（現在の資生堂パーラー）を開業したり，日本初となる練歯磨「福原衛生歯磨石鹸」を発売したりした。

　資生堂は開業当初から化粧品を製造していなかった。1897（明治30）年頃に「オイデルミン」（化粧品），「柳糸香」（改良すき油），「花たちばな」（ふけ取り香水）などの商品を販売した。そして，大正期に入り，有信から息子の信三に代替わりを果たした。同じ頃，合資会社に改め，医薬品から化粧品に営業の主軸を移した。また経営理念である「五大主義」を定めた。それは，①品質本位主義…品質を生命とし常に最高水準を目指す，②共存共栄主義…近代的組織を基礎とし，相互繁栄を期する，③小売主義（後に消費者主義に変更）…消費者志向の経営に徹する，④堅実主義…合理主義を根底として科学的経営に徹する，⑤徳義尊重主義…常に相手を尊重し，正しく誠意ある経営に徹する，というものであった。同社ではこの経営理念を，長年，遵守して成長を遂げてきた。同社の広告については，「意匠部」が設置され，企業イメージの創造，企業文化の育成に寄与した。

　関東大震災では壊滅的な打撃を受けた。そうした中，資生堂は当時問題となっていた乱売の防止策として，1923（大正12）年に「資生堂連鎖店」（チェーンストア）制度を導入した。1927（昭和2）年には，在庫管理・品質管理を強化することを主たる目的として「販売会社」を設立させた。また，愛用者組織「花椿会」も組織され，独自の強固な流通を築いたのであった。

第二次世界大戦中は同社も苦しい状態に置かれた。資生堂の資金難は深刻で増資と取引先との決済方法の変更（手形決済から現金決済に）で乗り切った。戦後の復興を遂げ，1952（昭和27）年には「売上倍加」などを目標とする「資生堂躍進五ヵ年計画」を発表し，それを早期に達成した。以降，長期にわたって増収増益を達成し，繁栄したかのように見えたが，グループ内で不良在庫の蓄積が表面化した。1987（昭和62）年，社長の福原義春は当面の赤字を覚悟し，3年間で不良在庫を回収していき，健全な経営体に改善させていった。このように資生堂は様々な苦境・困難を克服し，今日まで生き残ってきたのである。

(2)　企業文化の醸成
　福原義春の後任・弦間明が社長に就任すると，長年，遵守してきた経営理念である「五大主義」を次のような『企業理念』に変更した。
「企業使命・事業領域」
　私たちは，多くの人々との出会いを通じて，新しく深みのある価値を発見し，美しい生活を創造します。
「行動規範」
　1．お客様の喜びをめざそう
　2．形式にとらわれず結果を求めよう
　3．本音で語りあおう
　4．広く深く考え，大胆に挑戦しよう
　5．感謝の心で行動しよう
　同社ではさらに『企業理念』に基づいた行動理念とステークホルダー（利害関係者）との関係を明確にするため，1997（平成9）年4月には，『THIS SHISEIDO WAY（資生堂企業行動宣言）』として次のようにまとめた（弦間明　2000：111-113）。
「お客さまとともに」
　美しくありたい，健やかでありたい，幸せでありたい。

このお客さまの願いを，お客さまとともに育み，優れた品質と価値の創造を通じて，豊かに，かたちにしていきます。

「取引先とともに」

こころざしを同じくする取引先と，よきパートナーシップで連携します。

そして，誠心誠意，目標に向けて，互恵の努力を続けます。

「株主とともに」

質の高い成長を通じた正当・健全な成果の蓄積・提供と，透明な企業経営により，株主の理解と共感を得る活動に努めます。

「社員とともに」

社員一人ひとりの独創性と多様性が，私たちの財産です。

その能力の限りない飛躍と活動を応援し，公正に評価します。

そして社員のゆとりと豊かさの充実に努め，ともに成長していくことをめざします。

「社会とともに」

すべての法律を遵守します。安全と地球環境への配慮を，なにものにも優先します。わたしたちは，地域社会と連携し，国際社会との調和を図りながら，持てる文化資本をベースに，グローバルレベルの美しい生活文化を創ります。

これらをみると，近年，企業に強く求められているCSR（Corporate Social Responsibility：企業の社会的責任）やコンプライアンス（compliance：企業の法令遵守）への高い意識が窺える。また，「社会とともに」の具体的な取り組みとして，同社はメセナ（mécénat：企業の文化支援），フィランソロピー（philanthoropy：企業の社会貢献活動）を積極的に行っている。福原義春は企業メセナ協議会の会長に就くなど，意欲的に活動している。これらに加えて，積極的に環境保全活動を行っており，『環境白書』も発行している[3]。こうした活動は，1998（平成10）年，「第9回 消費者志向優良企業に対する通産大臣表彰」，1999（平成11）年，「第9回 地球環境大賞」で「環境庁長官賞」を受賞して

おり，外部から高く評価されている（週刊粧業　2005：374）。

同社は CSR，コンプライアンス，社会貢献活動によって企業イメージを高め，「企業風土」を築いてきた。さらに「伝統」，「歴史」によって「企業文化」も醸成してきた。これらによって「SHISEIDO」という企業ブランドを確立し，価値を高めてきたといえる。

4　資生堂のブランド・マネジメント

(1) 組織・体制の確立

資生堂は1980年代から90年代にかけて，消費者需要の多様化に対応するため大量のブランドをつくった。しかし，消費者にとっては混乱を招くことにもなり，また資生堂自体もブランドの管理や経営資源の投資がうまく機能していない状態になり問題となった（山本学　2010：47-48）。こうした反省から，ブランド・マネジメントへの意識が高まったようである。

同社のブランドの管理部署・組織についてみると，企業価値創造室がもともとあり，2001（平成13）年から「コミュニケーション企画部」に名称を変更した。同部では「企業ブランド」（＝コーポレート・ブランド）を管理し，ブランドコミュニケーション戦略，企業広告戦略を立案している。これとは別に「製品ブランド」の管理を行っていた「ブランドエクイティー管理室」が2002（平成14）年4月にコミュニケーション企画部に統合され，ブランドの一元管理を行うようになった。また，同部には「コーポレートブランド委員会」も置かれ，委員長は副社長が就いている（日経産業消費研究所　2003：62-63）。

そして2005（平成17）年4月から，化粧品事業において商品開発部とマーケティング部を統合し，それぞれのブランド責任者が商品の企画・開発，広告，販売などを一貫して管理する「ブラント・マネージャー制」を導入した（川島蓉子　2007：54）。

(2) 脱・資生堂とブランド戦略

具体的な取り組みについては，福原義春の後任である弦間明社長は1997（平成9）年より「脱・資生堂」を推進した。「SHISEIDO」のロゴを高級品に限定して付けるようにし，中級品，生活用品から「SHISEIDO」の表記を外したのである。それまでセルフ製品で使用してきた「COSMENITY SHISEIDO」を「FITIT」に変更した。こうした行動は，従来の高級な資生堂ブランドではとらえきれない新しい顧客のニーズに対応するためであった。また，もともと自社のブランドであったものを分社化し，「アユーラ」，「イプサ」，「ディシラ」，「エテュセ」などのブランドを誕生させた。これらを「OUT OF SHISEIDO」と名付けている[4]。

2000（平成12）年，同社は「グローバルマルチブランド戦略」に則り，中核事業の「SHISEIDO」を付けた高級品コスメティック事業「IN SHISEIDO」と中級品コスメニティー事業「BY SHISEIDO」のマーケティング開発に専念することを発表した[5]。

同社はさらに2004（平成16）年に「各チャネルに相応しいブランド配置とブランドの重点集中化にも取り組み，国内化粧品市場における一層の競争優位性確立とシェア拡大を目指します」と発表した[6]。先述の再販制度の撤廃以降，特にドラッグストア，量販店などの成長を続けている小売業態，中低価格帯への対応が必要となり，経営資源の集中を進めていくこととなった。

前田新造社長に交代して，2005（平成17）年から資生堂グループは，「成長性の拡大と収益性の向上」を掲げ，①「国内マーケティング改革」，②「中国事業の拡大加速」③「抜本的な構造改革」を骨子とする3ヵ年計画をスタートした[7]。①については「太く・強い」ブランドづくりを目指し，「メガブランド」（資生堂では顧客接点拡張ブランドと位置付けている）を成長させていくのである。資生堂のメガブランドとは，「マキアージュ」，「エリクシール」，「ウーノ」，「アクアレーベル」，「インテグレート」，「TSUBSAKI」のことであり，それまでにあったいくつかのブランドを統合し，新しいものに変え段階的に市場に送り

表 11-3 メガブランドの概要

ブランド名	カテゴリー	導入時期	統合ブランド	ターゲット	主要チャネル
マキアージュ	メーキャップ部門	2005年8月	ブラウディア, ピエヌ	25-35歳代女性	ドラッグストア, 量販店, 化粧品専門店, 百貨店
エリクシールシュペリエル	スキンケア部門	2006年9月	エリクシール, ユーヴィーホワイト	30歳代後半女性	化粧品専門店, ドラッグストアを中心
ウーノ（新生）	メンズ部門	2005年8月	GERAID	10-20歳代男性	ドラッグストア, 量販店
アクアレーベル	スキンケア部門	2006年2月	ホワイティア, アスプリール, アスプールグレイシィリッチ	20-30歳代女性	ドラッグストアを中心
インテグレート	メーキャップ部門	2006年8月	セルフィット, フフ	20-30歳代女性	ドラッグストア, 量販店, 化粧品専門店, 百貨店
TSUBAKI	ヘア部門	2006年3月	新規	20-30歳代女性	ドラッグストア, コンビニエンスストア

注）主要チャネルは導入期のもの。
出典）山本学（2010）『進化する資生堂―中国市場とメガブランド戦略』SE, pp. 44-85,『日経産業新聞』2005年6月28日付,『日本経済新聞』2006年6月15日付。

図 11-2
事業魅力度

	高	低
低	ステディ	問題児
高	スター	ヤンチャ

顧客支持率

出典）日経産業消費研究所（2003）『日本企業のブランドマネジメント』日本経済新聞社, p.63 より作成

表11-4　2011年　日本企業ブランド価値ランキング

	ブランド	企業	価値総額 (100万ドル)	対前年比 (％・▲はマイナス)
1	TOYOTA	トヨタ自動車	25,661	▲16
2	HONDA	ホンダ	18,510	2
3	CANON	キヤノン	11,442	9
4	SONY	ソニー	11,353	▲5
5	NINTENDO	任天堂	9,184	▲1
6	PANASONIC	パナソニック	4,549	8
7	NISSAN	日産自動車	2,886	4
8	LEXUS	トヨタ自動車	2,523	▲19
9	TOSHIBA	東芝	2,246	0
10	SHISEIDO	資生堂	2,215	3

注）インターブランドジャパンの「ブランド価値」の集計の基準は，次の①～④である。①日本発のブランドであること―日本の企業によって生み出されたコーポレートおよび事業ブランドであること，②各種財務情報が公表されていること―2010年10月31日現在で上場しており，アナリストレポートが入手可能な企業であること，③日本以外での海外売上高比率が30％超であること（2009年度実績），④BtoB企業であっても，グローバルで一般に認知されていること―インターブランドのグローバル各オフィスのコンサルタントの認知が10％以上あることとされている。

出典）http://www.interbrand.com/ja/knowledge/Japans-Best-Global-Brands/Japans-Best-Global-Brands-2011-Methodology.aspx
http://www.interbrand.com/ja/knowledge/Japans-Best-Global-Brands/Japans-Best-Global-Brands-2011.aspx
（2012年9月27日現在）

出した[8]）。それぞれの特徴は次の表11-3に示すとおりである。

　こうした製品ブランドに対して資生堂は「事業魅力度」と「顧客支持率」を基準に図11-2のようなマトリックスを作成し，それぞれのポジションを把握するようにしている。継続的に調査・検証がなされ，多くのブランドを絞り込む時に有効なツールとなっている（日経産業消費研究所　2003：17-19）。

　以上のように，資生堂は小売業態，価格帯に合わせて製品ブランドを管理し，コーポレート・ブランドの価値を高めようとしている。その甲斐あってインターブランドジャパンの作成する「2011年　日本企業ブランド価値ランキング」によると，資生堂は10位にランクされるまでになった。

おわりに

　明治以降の業界とともに発展してきた資生堂は創業140年を迎えた。その間，様々な経営危機を克服し，今日まで生き延びてきた。その「歴史」，「伝統」は「企業文化」を築き，社会の一員としての「企業理念」，「行動」は「企業風土」の醸成につながってきた。その結果，「SHISEIDO」というコーポレート・ブランドを確立できた。これは同社にとって至宝であり，守り続けなければならないものである。そして，時代の流れ，消費者のニーズに合わせながら，このコーポレート・ブランドの価値を上げていく。コーポレート・ブランドへの影響に対しては細心の注意を払い，製品ブランドの管理が徹底されている。

注）
1) この辺の記述は，注記しない限り，井田泰人（2012）をもとにしている。
2) この辺の記述は，注記しない限り，井田（2012）をもとにしている。
3) 福原義春（1992），企業メセナ協議会，各年版などを参照。
4) 『日経ビジネス』2000年5月15日号。
5) 資生堂『有価証券報告書総覧』(2000) p.13, 日経産業消費研究所（2003：62-63）
6) 資生堂『有価証券報告書総覧』(2004) p.13
7) 同『有価証券報告書総覧』(2006) p.9
8) 同『有価証券報告書総覧』(2008) p.9

参考文献
青木幸弘・小川孔輔・亀井昭宏・田中洋編（1997）『最新ブランド・マネジメント体系―理論から広告戦略まで』日経広告研究所
井田泰人（2012）『大手化粧品メーカーの経営史的研究』晃洋書房
片平秀貴（1999）『パワー・ブランドの本質新版（新版）』ダイヤモンド社
川島蓉子（2007）『資生堂ブランド』アスペクト
企業メセナ協議会（各年版）『メセナ白書』ダイヤモンド社
弦間明（2000）『共に輝く―21世紀と資生堂』求龍堂
週刊粧業（2005）『2006　粧界ハンドブック』週刊粧業
田中洋（2002）『企業を高めるブランド戦略』講談社

日経産業消費研究所（2003）『日本企業のブランドマネジメント　2003年版―有力企業の動向と事例』（編集・発行　日経産業消費研究所）
Harvard Business Review, DIAMONDハーバードビジネスレビュー編集部訳（2001）『ブランド・マネジメント』ダイヤモンド社
福原義春（1992）『多元価値経営の時代』東洋経済新報社
水尾順一（1998）『化粧品のブランド史―文明開化からグローバルマーケティングへ―』中公新書
簗瀬允紀（2007）『コーポレートブランドと製品ブランド―経営学としてのブランディング』創成社
山本学（2010）『進化する資生堂―中国市場とメガブランド戦略』SE

製造小売業の生成と発展

第12章

はじめに

　1990年代初頭のバブル崩壊以降，日本経済は一時的な回復期を除いて，長期の低迷が続いている。とくに近年においては，2008（平成20）年のリーマン・ショックや2011（平成23）年の東日本大震災をきっかけに，景気の後退傾向は一層強まっている。このため，消費者の生活防衛意識は高まり，低価格志向や商品の買い控えが続いている。

　こうした中でも，とりわけ衣料品の販売不振は深刻である。日本の衣料品小売市場をみると，その規模は年々減少傾向にあり，2000（平成12）年以降の10年間でおよそ3割の縮小がみられた。さらに，近年ではGAP（アメリカ）やZARA（スペイン），そしてH＆M（スウェーデン）といった外資系の大手衣料品専門店が日本での出店攻勢をかけており，こうした企業との競争も現実に始まっている。日本の百貨店，量販店，衣料品専門店などを取り巻く経営環境は厳しい状況が続いている。

　だが，このような市場規模の縮小や競争激化の中においても，概して好調な業績をあげてきた日本企業がある。それがユニクロ，しまむら，ワールドといったSPA（製造小売業）企業[1]である。SPAとは，商品に関する素材調達，企画，開発，生産，物流，在庫管理，販売などの全ての工程をひとつの企業組織のもとで統合，管理している業態のことをいう。日本の衣料品業界では1990年代以降，既存事業からこのSPAへの事業転換を積極的に図った企業が多くみられた。近年，同業界ではSPA業態の採用こそが自社の存続と成長を決定づける重要な要因のひとつとまでいわれている。

以下では，元来小売業を基盤としてスタートし，後にこのSPAを核として成長を成し遂げ，日本におけるSPA企業の代表といわれるまでに成長したユニクロの事例を取りあげる。同社は2011（平成23）年8月期において，6,938億円（国内6,001億円，海外937億円）の売上をあげ，全世界に1,024（国内843店，海外181店）の店舗を展開し，現在日本国内の衣料品販売の売上高基準ランキングで第1位に位置している。同社の創業から成長，発展の軌跡を追い，同時にその要因をSPAの側面から明らかにしていく。これによって，SPA業態の特徴に関する理解を深めていくことにしよう。

1 ユニクロのSPAへの道のり

(1) ユニクロの創業

ユニクロの創業者の柳井正は，1949（昭和24）年12月，山口県宇部市に生まれた。1971（昭和46）年3月に早稲田大学政経学部を卒業後，ジャスコ（現・イオン）に入社するも1年も満たないうちに退職し，1972（昭和47）年に父親が経営する小郡商事に入社した。同社は，宇部市で数店舗を構える紳士服店であった。そこで，柳井は紳士洋服の取扱いに携わる一方，次第にカジュアル衣料品に対して関心をもち始めた。そして，この関心をきっかけに，柳井はそれまでの紳士洋服ではなく，カジュアル衣料品を専門に取扱う小売店での全国展開を目指す決意を固めた。1984（昭和59）年6月，小郡商事は広島市袋町に「いつでも服を選べる巨大な倉庫」という意味を込めた「ユニーク・クロージング・ウェアハウス（Unique Clothing Warehouse：略称ユニクロ）」を出店した。この袋町店こそが，ユニクロ1号店であった。また，同年9月に柳井は小郡商事の社長に就任した。

その後，小郡商事は1985（昭和60）年6月に山口県下関市，同年10月に岡山県岡山市にそれぞれユニクロの店舗を出店した。そして，柳井は都心に出店した袋町店とは明らかに異なる傾向を，この2つの店舗経営を通じて理解する

ことになった。第1は、袋町店のような賃料の高い都市型よりも都市近郊の幹線道路沿いの郊外店を展開していく方が、初期投資コストを抑えることができ、また売上自体も多いことであった。カジュアル衣料品の取扱において、低価格販売を重視していた柳井にとっては、コストを低く抑えることができる出店形態はきわめて重要であった。そして第2は、郊外店の顧客層は男女がほぼ半々で、しかも年齢層も幅広かったことである。つまり、袋町店のように、10代の若者だけを主要客層としてとらえていては、郊外店の場合では売上の拡大を目指すことが困難であった。そこで、取扱商品を男女の性差は問わず、また大人から子どもまで幅広い年齢層を対象にすることを決めた。すなわち、「ノンエイジ・ユニセックス」のベーシックなカジュアル衣料品の取扱いに特化することであった。

こうした経験と決断が、その後の店舗展開の進め方を決定づけることになった。つまり、この下関市と岡山市の2店舗こそが、その後のユニクロの店舗展開の原型になる郊外店だったのである。だが、この時期のユニクロでは依然として衣料品メーカーから完成品を仕入れ、それを低価格で販売する衣料品専門店にすぎなかった。自主企画商品の開発はしばらく先のことであった。

(2) SPA企業への事業転換

アパレルメーカーから商品を仕入れて販売する衣料品専門店としてスタートを切ったユニクロの店舗経営であったが、こうした経営のやり方では、いくら郊外への出店形態で徹底した低コストを追求しても、柳井が理想とする安定した低価格販売の実現はきわめて困難な状況にあった。なぜなら、これを実現するに当たっては、衣料品業界特有の決定的な問題が立ちはだかっていたからである。それは、日本の伝統的な衣料品の生産・流通経路にあった。

図11-1は日本の伝統的な衣料品の生産・流通経路を簡略化したものである。この図が示すように、衣料品が店頭に並ぶまでには素材メーカー、紡績メーカー、衣料品メーカー、衣料品小売店といったように、多くの独立した企業が

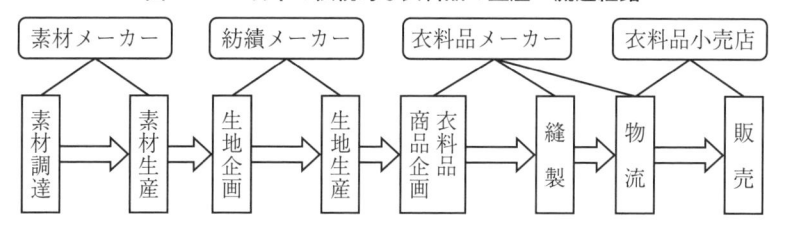

図12-1　日本の伝統的な衣料品の生産・流通経路

```
[素材メーカー]        [紡績メーカー]        [衣料品メーカー]              [衣料品小売店]
素材調達→素材生産  →  生地企画→生地生産  →  商品企画→衣料品企画→縫製  →  物流  →  販売
```

介在している。そのため，この過程における企業が多ければ多いほど，一般的には商品が店頭に並ぶまでの時間は半年から1年以上にわたる長い期間が必要とされ，また同時にその分のコストもかかり，最終的には衣料品小売店での販売価格に上乗せされるのが実情であった。

　そして，販売価格が高く維持される原因のもうひとつには，この生産・流通経路のもとで一般的に行われてきた取引形態，いわゆる委託販売制度にあった。この制度では，衣料品小売店が店頭で実際に売れた分だけの料金をメーカーなどに支払い，返品自由で取引リスクを負わないかわりに，そのリスク分は最初から価格に上乗せされて高値で販売するのが通例であった。ユニクロでは当初から，仕入商品をすべて買取り，在庫を抱えるリスクを負いながら，価格を安くする努力は行っていたが，それでもこの制度ではメーカー側に価格決定権があり，低価格で売り出すには限界があった。

　さらに，この生産・流通経路ではメーカー側が商品を企画し，市場に供給するというプロダクトアウト的な手法が一般的であった。1970年代以降，衣料品に対する消費者ニーズの多様化や商品ライフサイクルの短縮化が急速に進んだ状況においても，売れ筋商品などの販売状況をリアルタイムに把握している小売店との連携をもとに，商品を出すという顧客視点での商品開発はほとんど行われていなかった。

　こうした状況の中で，柳井は自分たちで商品を企画，生産し，自分たちで価格をつけるやり方に関心をもち始めた。すなわち，それまでのメーカー品を販

売するだけの衣料小売専門店から，素材調達，企画，開発，生産，物流，在庫管理などの全ての工程を自社でコントロールするSPA企業に事業転換を図ることであった。こうすることで，多段階にわたる中間業者を省き，コストを下げ，さらには素材の生産工程から関わることで，自社で独立して要求品質が満足した商品を作り出すことができるという思いであった。

　折しも，1986（昭和61）年に安い仕入れ先を探して香港を訪ねた際に，SPA企業として急成長を遂げていたカジュアル専門店チェーン「ジョルダーノ」の創業者ジミー・ライに柳井は出会っていた。柳井は彼との出会いを通じて，SPA業態の可能性を理解するとともに，当時アメリカやヨーロッパで好業績をあげていた衣料品専門店の多くが，このSPA業態を取り入れていることを知った。ユニクロの新業態としてSPAが有効であることの確信をもった柳井はGAPに関心をもち，同社を研究するようになった。

　もっとも，SPA企業には当然問題も多かった。中でも，自主企画商品であるが故に衣料品の売れ残りのリスクを全て自社で負う必要があるため，商品企画開発力とともに徹底した在庫管理を行って，過剰在庫の削減および販売機会損失の回避に取組まなければならなかった。すなわち，生産から販売まで全ての工程をコントロールすることは，それまで素材メーカー，紡績メーカー，衣料品メーカー，衣料品小売店のそれぞれの企業で広く分担していたリスクを全て自社だけで引き受けることを意味していた。

　そこで，1980年代後半以降，柳井はそうしたリスクを少しでも軽減し，低価格かつ高品質なベーシック・カジュアル衣料品を提供できる仕組みの構築に向けて動き始めた。1988（昭和63）年7月，ユニクロでは全店にPOS（Point Of Sales：販売時点情報管理）システムを導入し，在庫管理などの管理体制を整備した。これは基本的には本部が各店舗の販売状況と在庫を管理するシステムであったが，販売時点での年齢や性別などの情報を知ることにより，顧客層の特徴をリアルタイムに分析することもできた。つまり，在庫管理の質の向上とともに，自社企画商品の開発にも活用できるシステムであった。そして，1990

（平成2）年9月には商品情報及び販売情報を自社処理するために，コンピュータシステムが導入された。さらに，1989（平成元）年2月に，素材段階から自社企画商品の開発体制充実のため，大阪府吹田市に商品部大阪事務所が開設された。同年4月には，物流業務強化のため山口県宇部市に配送センターを設置した。また，生産面においても，より低価格での販売を実現するため，縫製業務の委託先を日本国内から比較的に人件費の安い中国の工場に代えていった。

このように，POSシステムの導入による情報化を始まりに，商品部や配送センターの開設，そして中国における委託生産先の確保など，SPA企業への事業転換を図るための体制が徐々に整えられていった。そして，こうした動きに合わせて，販売については，本部主導のもとで店舗出店から運営まで徹底した標準化・マニュアル化を確立して，ローコスト経営が推し進められた。また，小売経験がない人でも店舗要員として即戦力として働けるように，細かい作業にも対応できるマニュアルも整備された。

1991（平成3）年9月には，こうした自社の行動指針を表象するため，社名を小郡商事からファーストリテイリング（速い小売り）に変更した。この社名には「いつでも，どこでも，誰でも着られる，ベーシック・カジュアルを市場最低価格で継続的に供給する。そのためにローコスト経営に徹して最短，最安で生産と販売を直結させる」という明確な企業理念が込められていた。つまり，SPA企業として成長していくための決意が込められた社名であった。

(3) ABC改革と1990年代末の大躍進

1994（平成6）年7月には広島証券取引所に上場を果たし，約130億円もの資金を調達したファーストリテイリングは，ユニクロ店舗の全国的な展開を加速させていった。フランチャイズ店舗を含むユニクロの店舗数は同年118店舗であったものが，翌年の1995（平成7）年には176店舗，96年には229店舗，そして97年には276店舗といったように，年間約50店ペースで増加していった。また，その出店先もそれまでの中国・四国地方や中部地方，そして九州北

部を中心とした地域から，関西や関東地方にも広がっていった。こうした多店舗展開で売上をある程度確保することは，自主企画商品の生産には不可欠な要素であった。というのも，店舗数の増加に伴う販売数量の伸長によって規模の経済が働き，低価格で商品を販売できるからである。

だが，1995（平成7）年頃ごろから，ユニクロの成長に陰りが見え始めた。新規出店により，この時期の売上高は伸長していたのだが，売上高伸び率は鈍化傾向にあった。実は，既存店の売上が連続前年割れの状態だったのである。そこで，1997（平成9）年，既存店を中心に商品を大量に投入したのだが，シーズンの終わりには過剰在庫となり，値下げ販売を行い，結果的には収益を圧迫することになった。また，翌年には商品の投入を抑制した結果，前年とは逆の現象，つまり売れ筋商品の欠品が発生し，販売機会を逃すことになったのである。このようなリスクを全て自社で負っているユニクロにとって，作った衣料品を在庫として残さずに適正価格で売り切ること，さらに売れ筋商品が品切れにならないように適時補充，あるいは追加生産することが利益を高める重要な要素であった。だが，上場後，急速に店舗数が増えたことに伴い，本部がこなすべき業務も増量・複雑化してしまい，適時適切な判断を下すことが難しい状況になっていたのである。

こうした問題から，ファーストリテイリングでは「作ったものをいかに売り切るか」から「売れるものをいかに早く作るか」への発想の転換を図り，次々と改革に乗り出した。つまり，顧客のニーズを素早くモノづくりに反映させる仕組みの構築を目指した「ABC（All Better Change）改革」を1998（平成10）年6月から開始したのである。この改革の主なポイントは次の3つにあった。

第1は，本部主導の中央集権的な店舗運営から，顧客との接点が直接ある店舗を起点とした会社全体の経営への転換であった。それまでの店舗に求められていた役割は，商品を本部の指示に従って，マニュアル通りに売りさばくことにあった。だが，日々顧客と対面し，売れ筋商品や死に筋商品をいち早く知ることができる場は本部ではなく，店舗であることを再確認したのである。この

ため，本部は店舗からも顧客のニーズを含む現場の声をくみ上げ，すべての現場で考えて実行していく経営を目指した。例えば，これを機会にそれまでは行われていなかった店舗発注を一部の店舗で始めた。店長に在庫管理を含む発注権限を与えることで，店舗を自主的に経営する意識をもたせたのである。また同時に，こうした店舗の自主性を尊重した経営は，店長や店舗従業員のモチベーションを向上させる上でも重要な要因となった。

　第2は，生産と販売の工程において徹底した無駄の排除に取組み，これらのコントロールを強化したことである。これは中国の委託先工場において，単品レベルで，かつ色やサイズごとに細かく分化したデータに基づいて，シーズン中においても売れ筋商品に随時対応できる追加生産体制の整備を意味していた。具体的には，シーズンを通してある一定量の完成品を生産する一方で，それに加えて生地を染色前の状態と染色された状態で在庫を保有しておき，追加発注に備えることであった。これによって，品切れによる機会損失のリスクを少しでも回避することを目指したのである。

　このため，本部と中国の委託先工場の間で連携が図りやすいように，1998（平成10）年に入ると，生産委託工場は上海周辺の江蘇省などを中心にそれまでの140カ所から40カ所に絞り込まれた。この選定に当たっては，ファーストリテイリングの生産部が直接工場を訪問して実施した。そして，1999（平成11）年の4月と9月に，中国の上海市と広州市に生産管理業務の充実を図るための事務所を設けた。これらの事務所には約50人の同社スタッフが駐在しており，彼らが中心になり各工場での素材の検品，工程管理，そして全量検査にもとづく品質管理までのすべてを実施した。中でも，主力工場には自社のスタッフを常駐させて品質管理に取組んだ。こうした取組みは，同業他社のほとんどが商社に依存しており，革新的なことであった。また，編み・織布・染色・縫製などの各分野で経験が30年以上ある熟練した職人を日本で採用し，中国の委託先工場に派遣して品質管理の徹底と現地での中国人への技術指導を始めた。これは「匠プロジェクト」と名付けられた。このように，工場の集中立地で物流

費を抑え，さらには自社の社員自らが生産現場に密着して厳しい品質管理，生産進捗管理を行うことで，高い品質の維持に取組んだのである。

そして第3は，引き続きベーシック・カジュアル衣料品に特化したことである。つまり，同業他社が流行を追って，商品数を増やしたのに対して，ユニクロでは流行を追わず，商品点数をかなり絞ったのである。衣料品の場合，あるひとつのデザインの商品を見ても色やサイズなど多様なバラエティが存在し，それぞれの商品を在庫でもつと莫大な商品在庫を保有しなければならない。こうしたリスクの回避に加えて，商品数の絞り込みには次のメリットがあった。ひとつは在庫管理が容易になること，そしてもうひとつが少ない商品数で工場に大口発注することで，原材料や加工賃を下げる効果がみられることであった。つまり，数万着以上の大口発注を行うことで，委託先の工場側も安定した取引量が期待でき，原材料や加工賃で他社よりも有利な条件で契約を結ぶことができるのである。

このような改革の実行により，ユニクロでは低価格で高品質の商品を生産・販売できる仕組みを作り上げたのであった。そして，こうした改革が1998（平成10）年10月からのフリース・キャンペーン，同年11月の首都圏初の都心型店舗である原宿店のオープンという成果に繋がっていったのである。ユニクロでは，海外ブランドの多くが1万円以上の価格で販売していたフリースを1,900円の価格で売り出した。そして，注目すべきはその価格だけでなく，品質もしっかりしていたことであった。このフリースこそが，ユニクロが目標として掲げてきた「低価格かつ高品質な自主企画商品」であった。こうした結果，フリースの売上枚数は，1998（平成10）年度200万枚，1999（平成11）年度850万枚，そして2000（平成12）年度には2,600万枚に達した。店頭での欠品が少なかったことも，売上を伸ばす大きな要因となった。

さらに，このフリースを全面に打ち出した原宿店の出店を，「郊外店のユニクロが都心のど真ん中に逆進出」と新聞やテレビ，そしてファッション雑誌が競って取り上げたことで全国的な知名度を獲得するようになった。こうしたこ

とは既存店の売上向上にもつながり、ユニクロの売上は1999（平成11）年8月期には前期比33.6％増の1,110億円、2000（平成12）年8月期にはその倍増以上の2,289億円、2001（平成13）年8月期にはさらに82.8％も伸び4,185億円といったように、1998（平成10）年からわずか4年間でおよそ5倍の規模へと急成長したのであった。この間の店舗数も、368店舗から519店舗にまで増加した。

(4) フリースブームの終焉とその後の展開

1998（平成10）年のフリースブームや原宿店出店などで売上を伸ばしたユニクロであったが、2001（平成13）年をピークにその売上高は2003（平成15）年にかけて急激に低下した。2002（平成14）年8月期の決算では、売上高が18％減、経常利益は48％減となり、1994（平成6）年の株式上場以来初の減収減益となった。

ユニクロの業績低下に関しては、いくつかの説明がなされてきた。第1は、品質面・価格面で他社との競合が激化したことである。ユニクロの強みは、「低価格かつ高品質」であった。ところが、イトーヨーカ堂や西友などの量販店やしまむらなどの衣料品専門店が中国産の低価格で良品質のフリースを大量に市場に投入したことで、同商品の供給過剰が顕著となり、価格競争が激化したのである。このため、ユニクロの価格競争力は次第に失われ、1,900円を維持できなくなってしまった。週末には500円にまで値下げされたこともあった。

これに加えて、第2はユニクロの製品コンセプトである「ベーシック・カジュアル」が消費者には正しく認識されなかったことも見逃せない。これまでユニクロでは流行に左右されないベーシックなデザインにこだわる一方で、シーズンごとに性能を向上させて新商品を投入してきた。だが、こうした変化も消費者にはひと目では判りづらく、さらには上で述べたように、競合他社も同価格、あるいはより低価格でフリースを取り扱い始めたことにより、消費者の新規購入を促進させるだけの要因にはならなかった。

こうした状況の中で，ユニクロではそれまでの強みであるベーシックを基本としつつも，「ファッション性があるベーシック・カジュアル衣料品」の導入を決断したのであった。まず商品開発では，2002（平成14）年4月にデザイン力を強化するため，社内にユニクロデザイン研究室を設けた。その後も，ニューヨーク，東京，パリ，ミラノといった流行の最先端地域に商品企画・開発センターを設けて，グローバルな視点で商品トレンドや市場ニーズなどの情報を収集する商品開発の展開を進めた。また，2002（平成14）年の夏以降，商品企画を実売期に近づけるため，それまで年3回であった商品企画を年6回に増やし，商品開発のスケジュールを大幅に短縮して商品力の強化に努めた。

　そして，こうしたシーズン商品を投入する直前まで商品企画を遅らせて，売れ筋商品を的確に把握したうえで生産を始めるという展開に対応するため，中国の委託工場との間で生産計画・生産実績をタイムリーに共有して，販売にほぼ連動できるように生産体制を強化した。つまり，日本から届く生産計画情報に基づいて，中国の委託工場は色やサイズごとに追加生産，あるいは減産もできる柔軟・迅速な生産体制を構築したのである。さらに，2003（平成15）年9月には戦略素材部が社内に新設され，素材メーカーとの共同開発による新しい素材開発にも本格的に取組み始めた。

　このように，2000年代に入っても，ユニクロを展開するファーストリテイリングはSPA企業としての成長を目指して，より完成度の高い仕組みの実現に向けて様々な取組みを実行した。図12-2は，この時期に出来上がった同社の仕組みを簡略化したものである。このような取組みの中で，その後のカシミヤやヒートテック，スキニージーンズなどに代表される先端のトレンドを取り入れた商品が市場に投入されていったのである。これを受けて，ユニクロの売上高も2004（平成16）年以降，回復していった。

　一方，この時期の注目すべき展開は，ファーストリテイリングが一層の成長を求めて日本国内だけでなく，海外市場の開拓にも乗り出したことである。つまり，ユニクロの海外店舗展開である。2001（平成13）年9月，イギリスのロ

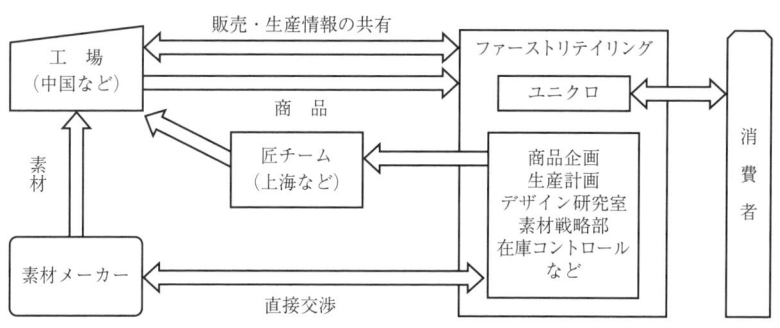

図12-2 SPA企業としての仕組み

```
工　場          販売・生産情報の共有          ファーストリテイリング
(中国など) ←──────────────────────→ 
                                        ユニクロ ←──→ 消費者
  ↑                  商品
  │         匠チーム ←────── 商品企画
素│         (上海など)         生産計画
材│             ↑              デザイン研究室
  │             │              素材戦略部
  │             │              在庫コントロール
  │             │              など
素材メーカー ←──────────────────
              直接交渉
```

出典）「第42期事業報告書（2003年）」を一部修正。

ンドン市内での4店舗の出店を始めに，その後は中国，アメリカ，香港，韓国と5カ国への進出を果たした。2006（平成18）年8月時点で，海外市場での店舗数は30店舗に達し，同年11月には世界に向けてのショーケースと位置づけられたグローバル基盤店ユニクロ・ニューヨーク・ソーホー店の出店も果たした。

おわりに

　最後に，ユニクロにおいて展開されたSPAの特徴を確認しておこう。

　ユニクロのSPAへ展開の発端は，創業者の柳井が多段階・委託販売制度という日本の伝統的な生産・流通システムに疑問をもったことをひとつのきっかけに，それまでの小売業とは違う発想の事業の仕組みを構築するに至ったことである。すなわち，柳井が目指したものは素材調達，企画，開発，生産，物流，在庫管理などの全ての工程を自社でコントロールするSPA企業への事業転換を図り，低価格で高品質な自主企画のカジュアル衣料品を市場に投入することであった。だが，これらの全ての工程をいかにコントロールして，自主企画商品を開発し，そして過剰在庫の防止と販売機会の損失を防ぐのかという課題が

あった。こうした課題は，次の段階を経て，解決されていくことになった。

　第1段階は，1980年代後半から1990年代前半にかけての取組みである。この期間には，情報システムの導入や商品部および配送センターの開設，さらには中国での委託生産先の確保が行われた。すなわち，自主企画の開発から販売まで一貫した商品政策の確立による中間流通過程とコストの削減が図られていったのである。

　そして，第2段階は，1998（平成10）年からのフリースブームに繋がる取組みである。1995（平成7）年頃から，既存店での売上高が減少したことをきっかけに，顧客ニーズを素早くモノづくりに反映させる仕組みの構築が目指された。それは「ABC（All Better Change）改革」といわれ，この改革のポイントは次の3点にあった。第1は，本部主導から，顧客との接点がもっとも近い店舗主導の経営に切り替えたことである。第2は，中国の生産委託先の工場数を限定し，これらの工場に対して徹底した品質管理と生産進捗管理に取組んだことである。そして第3は，ベーシック・カジュアル衣料品に特化することで商品点数を絞り，在庫管理を簡素化し，さらには委託先工場への大口発注で原材料や加工費の引き下げを可能にしたことである。

　最後の第3段階は，それまでのベーシック・カジュアル衣料品に「ファッション性」の要素をある程度取り入れるため，商品企画と生産体制の連携の更なる強化が進められたことである。すなわち，グローバル体制での商品企画・開発の試みや商品企画サイクルの短縮化などであり，また同時にこうした商品企画に柔軟・迅速に対応できる機動性のある生産体制の確立であった。

　このように，ユニクロでは長年に渡って様々な試行錯誤が繰り返されながら，SPA企業として成長と発展を成し遂げてきたのである。

注）
1）SPAという言葉は，1987（昭和62）年にGAPが株主総会において，自社を"Specialty store retailer of Private label Apparel"と発表したことに由来する。そ

の後，この言葉の頭文字をとって，SPA と略され,「自ら作って自ら売る」という意味から,「製造小売業」と名付けられた。

参考文献
石井淳蔵・向山雅夫編（2009）『小売業の業態革新』中央経済社
石倉洋子（2004）「ファーストリテイリング：『ユニクロ』成長戦略の終焉と新市場への挑戦」『ビジネス・ケースブック3』東洋経済新報社
小川進（2000）『ディマンド・チェーン経営─流通業の新ビジネスモデル─』日本経済新報社
月泉博（2006）『ユニクロvsしまむら』日本経済新聞社
新田都志子（2008）「SPA のビジネスシステム革新(2)─ユニクロと ZARA を事例として─」『文京学院大学経営学部経営論集』第18号第1号
柳井正（2003）『一勝九敗』新潮社

小売業の進化

第13章

はじめに

　現在，日本には約4万5,000店のコンビニエンス・ストアが存在する。市場規模は年間売上高約9兆円である。店舗への一日当たりの平均来客数は870名，客単価は平均約600円といわれている。

　コンビニエンス・ストア本部は大きなものだけで約10社あるが，その中で特に存在感を示しているものが，セブン-イレブン・ジャパン（以下，セブン-イレブンと略す）である。同社は1973（昭和48）年の設立以来，順調に業績を伸ばしており，現在は店舗数約1万4,000店，チェーン全店売上高約3兆2,800億円である。日本でコンビニエンス・ストアという概念を定着させたものがセブン-イレブンであり，同社の歩みがコンビニエンス・ストアの発展に大きな影響を与えている。

　では，セブン-イレブンはどのように誕生したのであろうか。どのような経営的な特徴を有しており，それが時代とともにどのように変化したのだろうか。同社の存在は日本流通小売業の展開にどのようなインパクトを与えたのであろうか。これら疑問の解明を通じて，小売業の進化に関する理解を深めていくことにする。

1　セブン-イレブンの創業

新たな業態の創出

　1970年代はじめ，スーパーマーケットのイトーヨーカ堂は新たな店舗展開

の道を模索していた。当時，日本の小売業界の中で目覚ましい発展を遂げていたものが，スーパーマーケットであった。スーパーマーケットは低価格を武器に，売上を伸ばしていた。低価格を実現するためには大量販売する必要があり，店舗の大型化が競争上の重要なポイントであった。そのようななか，圧倒的な強さを誇っていたのが，ダイエーであった。ダイエーは1972年（昭和47）に売上高が1,359億円に達し，売上高小売業日本一となった。

対照的に，イトーヨーカ堂は売上高263億円（1971年），業界17位という規模であった。価格破壊を看板に掲げ，業界首位の地位を築いたダイエーに対して，同じように価格で競争することは，現実的ではなかった。イトーヨーカ堂はリーダー企業と一線を画した経営を展開する必要に迫られていた。

このような状況にあって，店舗開発という新たな試みを命じられたのが，人事・広報担当取締役であった鈴木敏文と，店舗開発部総括マネジャーの清水秀雄であった。鈴木は中央大学経済学部を卒業後，東京出版社（現在のトーハン）に入社した。1963（昭和38）年，30歳の時にイトーヨーカ堂に転職した。清水は東京経済大学短期大学部を卒業後，旧羊華堂に入社した生え抜きの社員であった。

鈴木と清水が新たなビジネスチャンスをみつけるためにたびたび渡った地が，流通小売先進国のアメリカであった。彼らはアメリカで現地のスーパーマーケットや独立小売店をみて廻ったが，その中で興味をもったものが，コンビニエンス・ストアのセブン-イレブン（7-Eleven）であった。同社を運営するサウスランド（The Southland Corporation）は，テキサス州ダラスに拠点を置く会社であった。同社は機械式冷蔵庫用の氷を販売する店として創業したが，客の要望に応えるなかで品揃えを拡大し，売上を伸ばしていた。

セブン-イレブンの特徴的な点は定価販売にあった。スーパーマーケットを中心に価格競争が繰り広げられるなか，セブン-イレブンが定価販売でも成功した理由は，同社が「便利さ」（convenience）という新たな価値を生み出したことにあった。大型のスーパーマーケットとは異なり，セブン-イレブンは比

較的に小さな商圏の客をターゲットにしていた。顧客が歩いて行ける場に立地していた。営業時間は朝7時から夜11時までであり，当時としては長時間営業であった。また，大量販売を基本とするスーパーマーケットと比べて客が購入する商品の点数が少なく，レジで長時間待たされることもなかった。セブン-イレブンはこうした「便利さ」という価値を提供することで，大手スーパーマーケットとの差別化を図っていたのである（川辺信雄　2003）。

コンビニエンス・ストアの展開とフランチャイズ・システムの導入

　アメリカでのセブン-イレブンの成功を目のあたりにし，鈴木らはサウスランドと提携し，コンビニエンス・ストアのコンセプトや，セブン-イレブンの商標権，店舗管理・運営のノウハウなどを日本にもち込むことを企画した。日本への関心が低かったサウスランドとの交渉は難航したが，ダラスに支社を置く伊藤忠商事の協力を得ながら交渉を進めた。

　視察を終えた鈴木らは，イトーヨーカ堂本社でセブン-イレブンのライセンス取得による日本での経営を提案した。しかし，本社ではコンビニエンス・ストアのような小規模店舗の展開に疑問の声が上がった。日本には既に150万店の小売店が存在していた。それらと競合する店舗の展開は難しいと考えられていたのである。また，当時はオイルショックに端を発する不景気の中にあった。そのため，イトーヨーカー堂本社の財務状況が厳しかった。そこでイトーヨーカ堂からの出資金を半分にとどめ，残りの資金を鈴木と清水が個人的に集めることで，開業を図った。

　小規模な店舗を展開しようとする鈴木らの計画は，一見すると既存店と重複する事業のように思われる。ところが，彼らの狙いは，大型スーパーマーケットと小規模な独立小売店の2つの形態の間に，新たな業態を創ることにあった。つまり，大型スーパーマーケットの急成長に警戒心を抱く独立小売店を，フランチャイズ加盟店として組織化し，事業を展開しようとしたのである（川辺 2003）。

フランチャイズ・システムでは，本部（フランチャイザー）が推奨商品の決定や，商品情報の提供，物流，販売促進活動，各店舗への経営指導などを行うことになる。それに対して加盟店（フランチャイジー）は店舗社員の採用や教育ならびに管理，商品の発注や販売，売上の管理などを担当することになる。加盟店は煩雑な業務から解放されることで，商売や顧客サービスに集中することができるようになる。このように役割を分担することで，経営効率を高めようとしたのである（森田克徳　2004）。

　鈴木は中小小売店の問題は，大型スーパーマーケットの脅威という外部的な要因よりもむしろ，個々の店の生産性の低さという内部的な要因にあると考えていた。店の生産性を高めることができれば，大型スーパーマーケットと十分に渡り合えるだけの競争力をもつことができると考えていたのである。ただ，当時は，オーナーが異なる何千もの店舗を，ひとつの本社が管理する技術やノウハウが日本にはまだなかった。そこで，サウスランドが確立したフランチャイズ・システムに関する経営資源を導入することで，構想の実現を試みたのである。

　なお，日本でのセブン-イレブンの経営では，サウスランドが開発した粗利益分配方式の会計システムが，フランチャイズ・システムを運営する上で重要なものとなった。これは，本部と加盟店が共同で経営責任を負うことを前提にしたもので，店舗営業で得られた粗利益のうち，本部が43～45％を，加盟店が55～57％を受取る仕組みであった[1]。受取った粗利益の中から，本部は経営ノウハウの提供・指導コスト，水道光熱費，会計事務代行経費，宣伝広告費などを負担した。加盟店は店舗建築費や，従業員給料などを負担した。本部と加盟店が双方ともに利益の享受や損失の負担を担うことで，相互に経営努力するような仕組みとなっていた（川辺　2003）。

セブン-イレブンの出店と物流システムの課題

　1974（昭和49）年5月，東京都江東区豊洲の酒類販売店が業種転換し，フラ

ンチャイズによるセブン-イレブン1号店が開業した。翌月には神奈川県相模原市に直営の2号店がオープンした。2号店は実験店舗であり，経営のノウハウを蓄積するための店として位置づけられた。セブン-イレブンの店内にはおよそ3,500種類の商品が並べられた。徒歩圏にある身近さ，長時間営業，レジでの待ち時間節約という「便利さ」は日本市場でも受け入れられ，売上は伸びていった。

しかし，間もなく重大な問題に直面した。売上に対して，店舗の利益率が低かったのである。その原因は商品回転率の低さにあった。セブン-イレブンが扱っていた商品の中には良く売れる商品，いわゆる「売れ筋」と，ほとんど売れない商品，「死に筋」があった。経営的には売れ筋商品を並べ，死に筋商品を棚から除けば良いのだが，商品数約3,500種類のなかから，それを特定することは難しかった。売れ筋と思っていた商品でも，時期によっては売れないこともある。逆に，死に筋と思っていた商品が何らかの理由により売れることもある。

そこで，セブン-イレブンでは毎日，手作業で集計を取ることにした。一般的に，小売店では年1回の棚卸の時に，商品の売れ行きを確認していた。棚卸は煩雑な作業であり，その期間中は営業を止めることになる。セブン-イレブンはこの作業を，毎日の業務をこなしながら行ったのである。

そのような作業を積み重ねるなかで，様々な発見があった。例えば，週刊誌は発売から4日経つと，ほとんど売れなくなるということや，インスタントラーメンは袋入りよりもカップ入りのほうが売れていることなどであった。集計を取ることで，日本の顧客がコンビニエンス・ストアに求めているものが次第に明らかになった。こうした情報から，売れる商品や売れる条件などがわかってきた。必要な時に，必要な数を揃えることができれば商品回転率が上がり，利益率を上げることができるのである。

ただし，これを実現するためには，克服しなければならない課題があった。問屋からの仕入れに関する問題であった。問屋は輸送コストがかかることから，

まとまった量での発注しか受け付けていなかった。ひとつの店舗に少量の商品を，しかも何度も運ぶとなると採算がとれなくなるのである。そこで，セブン-イレブンでは特定のエリアに集中して出店することを決めた。そうすることで店舗間の移動距離を短くし，配送コストを低減しようとしたのである[2]。

また，配送方法にも工夫がなされた。各問屋が小分け配送を始めると，1日におよそ70台の配送車両が店舗に行くことになる。そうなると配送コストがかかるだけでなく，納品伝票や商品照合などで時間を費やし，事務コストが増加する。そこで，各問屋が共同配送センターを設立し，商品特性が共通する商品ごとに小分けした上で，一括で店舗に商品を配送することにした。商品は，冷凍品（−20℃），冷蔵品（−5℃），弁当（20℃），その他食品や非食品（常温）などの温度帯別に分けて，必要な時間帯に必要な量を運ぶようにした。このような試みの結果，1日の配送車両台数は1976（昭和51）年に40台，1985（昭和60）年に20台程度まで減少させることができた。効率的な小分け配送が実現され，各店舗の在庫量が減少した。それに伴い，店舗の利益率が上昇した。物流経費は商品の販売価格の10％を占めており，負担軽減が利益の向上につながった（川辺　2003）。

2　コンビニエンス・ストア業界の成長と競争の激化

競合他社の出現

セブン-イレブンの創業と前後して，他社もコンビニエンス・ストア事業に参入した[3]。西武百貨店のスーパーマーケット部門であった西友ストアーは，1973（昭和48）年9月に埼玉県狭山市に実験店舗を設立し，コンビニエンス・ストア事業に参入した。同事業は1981（昭和56）年9月に営業権と資産を譲渡し，ファミリーマートが誕生した。

また，1975（昭和50）年4月にはダイエーもアメリカのローソン・ミルクと提携し，ダイエー・ローソンを設立した。ダイエー・ローソンは同年6月に大

阪・豊中市に店舗を出店したのを皮切りに，チェーン展開した。

　こうして，コンビニエンス・ストアは国内で広く認知され，1978（昭和53）年末までに全国で2,717店が開店した。総売上高3,026億円という市場規模になった。当時，日本の食品・雑貨商の総売上高は23兆6,500億円であったことから，コンビニエンス・ストアの市場規模は現在と比べれば，まだまだ小さなものであった。ただ，市場の成長スピードは急速であった。1970年代の売上高成長率は50％であった。小売業界の中で魅力的な事業となった。

　コンビニエンス・ストアのフランチャイズ加盟者には脱サラによる者もいたが，多くは既存の酒店や食品小売店が転業し加入した。特にセブン-イレブンには酒店からの衣替えが多かった。これがセブン-イレブンの収益性や日商に積極的な影響を与えた。酒類は酒類販売業免許がなければ販売することができないが，セブン-イレブンの店舗では酒類を扱うことができる店が多数存在した。酒類を扱うか扱わないかで日商に差が出るため，セブン-イレブンの売上は他社よりも高かった。同業他社に対して優位な地位を築くことができた。

情報管理システムの構築による利便性の追求

　1980年代前半になると，コンビニエンス・ストアの売上高成長率は20％程度になり，成長速度が鈍りはじめた。市場競争の中で生き残るためには，さらなる「便利さ」を追求する必要があった。

　こうしたことから，セブン-イレブンでは情報管理システムの構築・整備を進めた。具体的には1982（昭和57）年に，全店舗にPOS（Point of sale：販売時点情報管理）システムを導入した。これは商品についているバーコードをレジで読み取ると，価格の集計と同時に販売時に売れた商品の商品名，価格，数量，日時，購入者の年齢や性別といった情報を収集できるシステムであった。このシステムの導入により，商品ひとつひとつの売れ行きが迅速に分析され，消費者ニーズにきめ細やかな対応ができるようになった。店頭で得られた商品情報は，店舗と本部の間の双方向通信により共有された。情報は問屋やメーカーに

も還元され，商品の品揃えに役立てられた。店頭情報を武器にした単品管理，鮮度管理が他社との差別化を図る上で重要なものとなった。

また，1986（昭和61）年10月からは東京電力と共同で，店頭での電気料金払込みサービスを開始した。これは本部と加盟店の間に敷かれた双方向通信システムを活用したものであった。店頭で受取った払込み情報を本部に送り，それを本部は東京電力のコンピューターに送信した。その受信データに従って，銀行口座から料金が支払われた。このようなサービスはNTT，NHKなどとの間でも行われるようになり，顧客の公共料金支払いに関する利便性が高められた。

このように，セブン-イレブンでは情報通信網への積極的な投資を行った。情報管理システムへの投資は累積的に行われ，世界でも進んだシステムが構築された。

3 経営システムのさらなる強化

商品構成の変化

1993（平成5）年2月期，セブン-イレブンの経常利益は981億円となった。これは国内小売業のなかで最高額であった。コンビニエンス・ストアという業態が日本小売業の中で大きな存在となった。

しかし，1990年代になると消費者行動に変化が生じた。土地や株といった資産価格の上昇を伴った好景気の時代が終り，景気後退期に差し掛かったのである。消費者の生活防衛意識が高まり，目新しさだけでは商品を購入しなくなった。また，100円ショップやディスカウント・ショップといった，カテゴリー・キラーと呼ばれる小売業態が存在感を高めた。顧客は日用雑貨品をコンビニエンス・ストアよりも安いそれらの店で購入するようになった。

こうした事態に直面し，セブン-イレブンでは，弁当や惣菜，調理パンといったファスト・フードの開発と販売に力を注いだ。これは，従来の若年層を中

心とした顧客層を，主婦や高齢者といった層にまで拡大しようとする試みであった。ファスト・フードは調理後に長時間置くことができないため，廃棄率が高くなるリスクがあった。しかし，ファスト・フードは新たな客層を取り込むために重要な商品カテゴリーであった。また，加工食品よりも粗利益率が高く，魅力的な商品でもあった。そこで，セブン-イレブンではPOSシステムを用いて適切な販売時間帯や数量などを算定し，廃棄率の低下に努めた。おにぎりや弁当は1日に3回，焼きたてパンは1日に2回に分けて配送され，過不足がないように，また鮮度が保たれるように店頭に並べられた。

プライベート・ブランド商品の開発

　セブン-イレブンでは，プライベート・ブランド商品（Private Brand。以下PBと略す）の開発にも着手した。これは小売店が自ら企画し，独自のブランド（商標）で販売する商品のことである。これまで，セブン-イレブンでは，メーカーが生産した商品，いわゆるナショナル・ブランド商品（National Brand。以下NBと略す）を仕入れて販売していた。しかし，NB商品は同業他社も取扱っていることから，他社との違いをつくり出すことができなかった。そこで，他社にはないセブン-イレブンの独自商品をつくることで，集客力を高めようとしたのである。

　例えば1993（平成5）年，セブン-イレブンは味の素と提携し，PBの焼きたてパンを販売した。コンビニエンス・ストアで商品を購入する客の多くは，商品購入後すぐに商品を消費する傾向にあった。そこで，賞味期限を製造後24時間以内にし，大手スーパーマーケットなどで扱っていたNB商品よりも柔らかく風味などの優れたパンを売りだした。これは，顧客を引き寄せる商品となった。情報管理システムを駆使した在庫管理により，ロス率を下げた。

　また，1994（平成6）年には森永乳業や雪印乳業と共同で，オリジナル・アイスクリームを開発し，販売した。PB商品はカップラーメンやソフトドリンクなどへも拡大され，店頭での取扱商品の半分以上を占めるようになった。

PB商品は宣伝広告費や営業費がかからないことなどから，NBよりも利益率が高かった。このため売上げや利益率の向上に貢献するものとなった。

商品構成の変化やPB商品の開発といった新たな経営展開により，セブン-イレブンの全店売上高は2001（平成13）年2月期に2兆466億円に達した。スーパーマーケットを抜き，小売業トップとなった。

経営資源の海外移転

1980年代，アメリカの本家セブン-イレブンが経営危機に陥った。アメリカのセブン-イレブンでは，既存店の約40％がガソリンスタンドを併設していたが，その事業との関連で，サウスランドは石油精製事業にも乗り出していた。ところが，世界的な供給過剰から原油価格が下落したことで，欠損が生じた。

また，サウスランドはアメリカでの不動産ブームに乗って，ダラスで新都心開発計画に乗りだしていた。ところが，石油情勢の悪化に関連した不動産価格の下落により，同事業は失敗に終った。このような石油ブームや不動産ブームの終焉により，サウスランドの財務状況が悪化した。

一方で，本業であるコンビニエンス・ストア事業では，競合企業であるサークルKとの競争が厳しさを増し，価格競争が繰り広げられた。日本のセブン-イレブンでは，価格競争と一線を画した経営を展開していた。ファスト・フードを中心とする商品構成の展開や，消費者ニーズへの細かな対応により，高い粗利益率（平均25～26％）を維持していた。しかし，対照的にアメリカではディスカウントを中心とする経営路線が採用されていたのである。サウスランドの業績が悪化し，危機的な状況を迎えていた（川辺 2003）。

こうしたことから，1990（平成2）年にサウスランドは日本のセブン-イレブンに対して，財政再建・経営参画の協力を要請した。アメリカでのコンビニエンス・ストア事業再建にあたり，日本側が再建の中心に据えたのはファスト・フードを中心とする商品構成の展開や，顧客ニーズに細やかに応えることでの高い利益率の実現であった。これを実現するために，単品管理，協力的配送シ

ステム，情報システムの導入が進められた。日本で進化させた管理のノウハウや技術といった経営資源が，海外に移転されたのである（金顕哲　2009）。これら経営資源をアメリカでの実情に合わせて用いた結果，事業再建から3年で黒字に転換し，経営状況が改善するに至った。

おわりに

　以上，日本におけるセブン-イレブンの誕生や経営的な特徴とその変化，日本小売業へのインパクトについてみてきた。ここでは上記の内容について要約し，結語としたい。

　まず，セブン-イレブンは，新たな事業展開を図るイトーヨーカ堂がアメリカのサウスランドからライセンスを得て事業展開を試みた。その中心的な役割を果たしたのが鈴木敏文と清水秀雄であった。鈴木は小規模小売店の生産性向上が競争上の重要なポイントであると考えていた。そのために，これまでに日本にはなかった新たな業態の導入を図った。

　セブン-イレブンの経営的な特徴は，便利さという新たな価値の創造にあった。商品の品揃えや顧客ニーズへの細かな対応がなされた。それを実現するために，フランチャイズ・システムの導入，共同配送による流通の合理化，POSシステムに代表される情報管理システムへの投資などがなされた（Bernstein 1997）。これらはアメリカから導入した経営資源を日本の実情や環境変化に合わせて修正され，進化させたものであった。

　セブン-イレブンの事業展開は従来の小売業における慣行を打ち破るものであり，革新的な行動であった。経営活動の中で蓄積された管理のノウハウや技術といった経営資源はグローバルな普遍性を有したものであった。それはアメリカにおけるサウスランドの再建において実証された。

注）
1）ロイヤリティは営業時間などにより異なっていた。たとえば，24時間営業の店舗の場合，ロイヤリティは本部43％，加盟店57％であった。また，24時間未満営業の店舗の場合，本部45％，加盟店55％であった。分配比率は1989年以降から改訂され，24時間営業の店舗で本部39％，加盟店61％に，24時間未満営業の店舗で本部41％，加盟店59％となった。
2）このようなマーケット・ドミナンス戦略は輸送効率を引き上げた。しかし，狭い範囲から徐々にエリアを拡大していくため，出店速度が遅くなるという欠点があった。実際に，セブン-イレブンは関東を中心に出店したため，関西方面ではダイエーのローソンが大きなシェアを占めることになった（Bernstein 1997）。
3）1972年，中小企業庁は「コンビニエンス・ストア・マニュアル」を発行し，独立小売商の近代化のために，コンビニエンス・ストアの経営方式を導入することを啓蒙していた。

参考文献

Bernstein, Jeffrey R.（1997）"7-Eleven in America and Japan" Thomas K. McCraw ed. *Creating Modern Capitalism*, Harvard University Press.
株式会社セブン-イレブン・ジャパン（1991）『セブン-イレブン・ジャパン　終わりなきイノベーション　1973-1991』
川辺信雄（2003）『セブン-イレブンの経営史』有斐閣
金　顕哲（2009）「セブン-イレブンの国際化プロセス」向山雅夫・崔　相鐵編『小売企業の国際展開』中央経済社
森田克徳（2004）『争覇の流通イノベーション』慶應義塾大学出版会

IT産業の成立と発展

第14章

はじめに

　IT（Information Technology）産業とは，情報・通信技術に関連する産業，具体的にはコンピュータメーカーや通信事業，ソフトウェアメーカーなどを総括した名称である。分野としては，コンピュータやその周辺機器の製造・販売，ソフトウェアの開発や販売，ネットワークの構築などの通信サービス，さらには企業の情報システムの構築など，かなりの幅広い領域となる。あえて分類するならば，ハードウェア産業，ソフトウェア産業，情報サービス産業の3つに分類することができる[1]。ただ近年では，コンピュータ製造業や情報通信業といっても事業の主軸はソフトウェアやITサービスの提供に移行する事例もあり，事業領域の垣根はなくなってきている。

　本章では，IT産業の歴史を概観しながら，ITに関わる企業の果たした役割，さらに私たちに与えた影響について紹介し，考察を加えていく。

1　IT産業の黎明

コンピュータの登場

　世界で最初の汎用コンピュータが登場したのは1946（昭和21）年で，アメリカで開発されたENIACだとされている[2]。ENIACはペンシルベニア大学でミサイル弾道計算のために開発されたものである。このコンピュータの内部には，18,000本の真空管という部品をもち，消費電力140kw，重量30t，幅45mという大型の機械であった。その当時のプログラムは，ソフトウェアによ

るものではなく，実配線により行われていた。

　その後，コンピュータは商用化されていく。レミントンランド社（現 Unisys）が 1951（昭和 26）年に UNIVAC I をアメリカ政府連邦統計局に納入し，IBM は 1953（昭和 28）年に IBM701 をアメリカ原子力委員会に納入している。こうした初期のコンピュータは，政府機関や大企業で使われており，「ハードウェア」と「機械語で作られたプログラム」が一体となっていた。そして 1950 年代末以降，FORTORAN や COBOL などのプログラム言語が開発されると，コンピュータの利便性は飛躍的に進歩した。プログラム言語によりコンピュータにフレキシビリティが与えられるようになり，ハードウェアに対してソフトウェアという名称が生まれた。しかし，この時代にはソフトウェアはあくまでハードウェアの付属として存在し，ソフトウェアはハードウェアメーカーと併せて作成されていた。

ソフトウェアメーカーの登場

　コンピュータの需要は，1950 年代から 60 年代にかけて次第に大きくなっていく。その使用目的についても，大学などでの科学技術計算用だけでなく，政府機関での統計，大企業の給与計算などの事務計算用として広がっていった。ただ，こうしたコンピュータは大学や政府機関や大企業しか導入できない高価なものであったので，一般向けに受託計算を行う情報サービス業が登場することとなる。さらに，受託計算の増加がソフトウェアの需要の増加と重なり，1960 年代後半になるとソフトウェア開発を専門にするソフトウェア企業が登場する。

2　IBM のパーソナルコンピュータ市場の参入

パーソナル化への潮流

　IBM は 1981（昭和 56）年に「IBM Personal Computer 5150（IBM PC）」に

よってパソコン市場に新規参入し，現在のパーソナルコンピュータの主流である PC/AT 互換機の原型となりえた。そうした IBM の成功はどのようにしてもたらされたものであろうか，史実を確認しながらその成功を分析していく。

1970 年代半ば，コンピュータはまだまだ巨大で高価な代物であったが，一般個人向けとしてコンピュータ・キットがいくつか販売されはじめた[3]。MITS 社が 1974（昭和 49）年 12 月に販売した Altair8800（標準装備ではキーボードもモニターもソフトも付属しない）も，その一つである。同キットは，他のコンピュータ・キットと比較すると，最新のマイクロプロセッサを採用しながら，安価であり（組み立てキット $397，組立済み $498）拡張性があったために，生産が注文にまったく追いつかないほど爆発的に売れた。しかし，その後はマニアを対象とした「パソコン・キットの時代」は終わりを告げ，多くの人々にビジネス用途の商品としてパーソナルコンピュータが認知されるようになっていた。

1970 年代後半以降は，マイクロプロセッサの性能向上[4]と価格低下を背景として，アメリカのパーソナルコンピュータ市場は急激な進歩をとげる。1977（昭和 52）年 4 月には，アップル社の AppleII と Commodore 社の PET，さらに 8 月にはタンディ社の TRS-80 Model I が発売される[5]。この 1977（昭和 52）年の 1 年間にパーソナルコンピュータは 4 万 8000 台が出荷されたと推定されている。

IBM のミニコンピュータへの参入遅れ

IBM は，大型コンピュータ（メインフレーム[6]）市場において，それまでに築き上げてきたブランド力があった。しかし，IBM はトランジスタ技術の進化によって可能となったミニコンピュータ（大型コンピュータに対しての小型コンピュータ）市場への参入が遅れたこともあり，ミニコンピュータ市場で伸び悩むことになる。

一方で，1970 年代後半期におけるパソコン市場の飛躍的成長を前にしてい

ため,パーソナルコンピュータ市場へ参入する必要があることをIBM社内においても強く認識されていた。こうした背景があり,パーソナルコンピュータの開発は,その当時のIBM会長フランク・ケアリーの個人的プロジェクトとして実行された。そして,その組織はパソコン事業への参入の遅れを取り戻すため,IBU(Independent Business Unit,独立事業部)方式で商品開発に当たった。その際に商品開発から製品の発表まで1年間の計画であった。

短期間の開発であることから,CPU(中央処理装置)やOS(動作の根幹をなすソフトウェア)といったパソコンを新規に開発するのでは時間が不足する,また大型コンピュータのために開発されたIBMの技術は,コストが高く複雑で柔軟性に乏しかったため,主要部品および周辺機器を既存の市販製品から外部調達することにしたといわれている。具体的には,OSをマイクロソフト社から,CPUをインテル社などからと外部調達を行った。

1981(昭和56)年の夏,最初の製品が出荷されると数週間のうちにIBM PCは,社内のだれもが予想しなかったほどの大成功であることが確実となる。「IBM」というブランドネームは,客の注文を一度に殺到させ,IBMは発売後の数日のうちに生産を4倍にすることになった。こうして発売されたIBM PCは,1982(昭和57)年から83(昭和58)年にかけて,パーソナルコンピュータ業界で標準になる[7]。

オープン・アーキテクチャ戦略

IBM PCは,回路図やシステム(BIOSのソース・コード)が,別売の技術マニュアルで公開されていた。こうした技術情報の公開は,IBMが互換機ビジネスを行うためではなく,他社がIBM PCの周辺機器や互換ソフト開発・製造販売をできるように行った戦略であった。つまりIBMがパーソナルコンピュータ市場でのシェア獲得のため,IBM PCに対応した多くのソフトウェアや数多くの周辺機器,メモリーボードなどが速やかに他社により開発されることを望んだことがねらいであった。実際,IBMのオープン戦略やブランド力に

より，多くの企業が初期からソフトウェアや IBM PC 関連装置の開発に関与するようになる。

しかし皮肉なことに，この戦略から得られた IBM PC の大きな成功は，結果として IBM 互換機という新たな市場をもたらすことになる。IBM は，システム（BIOS のソース・コードなど）の公開はしたものの，著作権まで放棄したわけではなかったのだが，「巨大な市場」の存在は他社に互換機を開発し販売させていく原動力となった。最初に成功した企業はコンパックで，巨額な費用をかけて BIOS の著作権問題をクリアし，1982（昭和 57）年に IBM 互換機を販売，最初の 1 年間で 1 億 1,000 万ドルの売り上げを記録した。これに続き有力メーカー，ダンディ，コモドール，ビクター，ジーナスなども IBM 互換機の製造に路線を変更する。この IBM 標準の流れに抵抗した企業は，その後遅れを取りながらも時流に従うことになるか，姿を消すかのどちらかであった。唯一の例外はアップルコンピュータで，創業者のスティーブ・ジョブズは，別の手法で IBM 標準と競い合う。より安いハードウエアを売り出していくのではなく，より優れたソフトウエアとハードウエアをつくっていったのである。

3 マイクロソフト社の飛躍

Windows の発売とさらなる躍進

IBM の戦略は先にも述べた通り，後々の問題を生むことになる。問題の一つは，オープン・アーキテクチャ戦略で，互換機とよばれるクローン製品を作ることが容易になり，コンパックなどのメーカーは，IBM 製品との 100％ 近い互換性を自社製品にもたせ市場に参入したため，製品の勝負は質か価格かいずれかとなったことである。

もう一つの問題は，OS とマイクロプロセッサを外注したことによって，マイクロソフトとインテルに，市場を支配する力となりうる源泉を渡してしまったことだった。

第14章　IT産業の成立と発展　　*161*

　前述したように，IBM PC の OS の開発は，ビル・ゲイツとポール・アレンのマイクロソフト社に舞い込んだが，当初，IBM は別の企業に OS の供給を持ちかけていたらしい。それが，いまとなってははっきり分からない理由であるが，マイクロソフト社にチャンスが訪れたのであった。OS について十分な蓄積がなかったゲイツは，シアトル・コンピュータ・プロダクツという企業から直ちに OS「86-DOS」を買い取り，改造を加えることで短期間に IBM の要求通りのものを完成させた。これは IBM によって PC-DOS と改名され，1981（昭和56）年8月に発売された IBM PC に搭載された。

　こうしてみると，初期のマイクロソフトは独創的な製品で「成功を収めたわけではない」といえる。BASIC にしても，PC-DOS にしても，すでにあった製品の改良から始まったものといってもいいだろう[8]。

　IBM とマイクロソフトとの契約では，開発した OS を他社へ OEM（他社ブランドの製品を製造すること）供給することが認められていたため，マイクロソフトは，IBM ブランドは PC-DOS，OEM 版は MS-DOS という名の自社製品として販売していく。そして，IBM PC は予想以上に売れたため MS-DOS も同時に爆発的に普及し，業界標準となっていく。

　PC-DOS で，大勝利を収めたマイクロソフトだったが，アプリケーションソフト市場ではシェアを伸ばせずに，苦労していた。ワープロソフトのワード，表計算ソフトのマルチプランを持っていたが，それぞれ，ワードパーフェクト社のワードパーフェクト，ロータス社のロータス1.2.3，によってシェアを奪われていた。しかし，これも「Windows」の発売で，大きく変わる。

　1984（昭和59）年，アップル社が一発逆転を狙って，Macintosh を発表する。アイコンで操作するグラフィカル・ユーザー・インターフェイス（GUI）をいち早く導入したその快適な操作性は，すぐに爆発的な人気を獲得していった。

　Macintosh の成功で，GUI の重要性を認識したマイクロソフトは，Windows を発表する。Windows はコントロールパネルやメニュー操作など，Macintosh の操作性をまねて作られたが，当初は速度が遅くて使い物にならなかった。し

かし，1993（平成5）年，実用的なWindows3.1が発表されると，普及するようになった。

ここで，マイクロソフトは自社製品ソフトウエア，ワード，エクセル（これらは，Macintosh版で成功した操作性をそのまま導入した）のWindows対応版を，ほぼ同時に投入した。このため競合するソフト，ワードパーフェクトなどは，Windowsという新しいOS対応に出遅れる形となり，次第にシェアを奪われるようになる。

さらにマイクロソフトは，OSを握っているソフトメーカーの強みを存分に行使する。その例が，バンドル販売（セット販売）である。マイクロソフトは，自社のワープロや表計算をバンドルすれば，Windowsのライセンス料金を減額するという措置をとったのである。このマーケティング手法により，ライバルメーカーはシェアを奪われていくことになった。

インターネットの普及とマイクロソフトの対応

インターネットはWindows 95が出た1995（平成7）年ごろから，急速に普及していった。そこに着眼し現れた会社が，ネットスケープ・コミュニケーションズ社である。Webページを閲覧するためのアプリケーションソフトNetscape Navigatorを開発し，ベータ版をインターネットを通じて無料で配布した。このため同ソフトは一時9割近いシェアを獲得し，同社を著名なインターネット企業にした。

マイクロソフトはこのネットスケープ・コミュニケーションズ社に対抗するため，自社製Webブラウザの「インターネットエクスプローラー」を開発した。しかし，当初は，Netscape Navigatorとの性能の差は歴然としていた。

ところが，マイクロソフトはWindows 95にインターネットエクスプローラーを無償でバンドルした。これによって，有償だったネットスケープのシェアは揺らぎ，その後，目立ったバージョンアップができず，シェアは転落した。

このような経緯を経ることによって，マイクロソフトは1980（昭和55）年

当時，従業員32名で年商800万ドルの小企業にすぎなかったのだが，Windows 95 を発売した時点で1万4,000人の従業員を要し年商は50億ドルという，株式市場ではIBMと一，二を争う大企業に成長したのであった。

4 日本におけるIT産業の発達

保護政策と日本語処理という参入障壁

　日本のIT産業が始まったのは第二次世界大戦後である。1950年代に入ってから，ようやく先導的な担い手として政府系の研究機関が大型コンピュータ開発の役割を果たす。そして，アメリカからの技術導入と同時に政府による産業保護・育成政策に支えられながら，日本のIT産業は技術力を蓄えていった。

　具体的に見ていくと，日本メーカーが本格的に汎用コンピュータの商業生産に乗り出す1960年代初頭は，その設置台数の60%が輸入コンピュータであったが，1960年代半ばには設置台数が大型機では外国機に及ばないものの総台数では外国メーカーを凌駕するようになってくる。

　1970年代末で，ようやくコンピュータで日本語（かなと漢字）が使えるようになる[9]。当然ながら，日本語への関心は国内メーカーのほうが高いため，日本語対応が輸入機の参入障壁として作用したともいえる。

個人向けコンピュータの発達

　アメリカでAltair8800とその互換機が登場すると，これらの輸入品を主力に取り扱う店舗も登場するようになりパーソナル用途向けコンピュータが始まる。国内で最初の製品は，1976（昭和51）年8月に日本電気（NEC）より発売されたTK-80（販売価格88,500円）とされる。この製品は，もともと8080互換マイクロプロセッサの販売促進策としての開発キットであったが，「クラブ」を結成するなどの積極的なユーザー支援体制もあり，予想を超えたベストセラーになった。

その後，パーソナル用途向けのより安価なコンピュータがシャープ，日立，NECから発売されることになる。さらに1980年代にはいると，高機能な8ビット機[10]が同3社から発売され，市場を寡占化した。この時代，パーソナルコンピュータは，日本語表示や日本語入力などの諸問題により本格的なビジネス用途に使うには限界があった[11]が，趣味でコンピュータを購入する人が増え，学校教育にも導入され市場が広がっていった。

その後，8ビットパソコンは，ビジネス用途とゲーム用途という2つの市場を満たすものとして存在するが，ビジネス用途を16ビットパソコンに，ゲーム用途をコンシューマゲーム機に奪われ幕を閉じることとなる。

1982（昭和57）年には16ビットCPUを採用してPC-9800シリーズが登場し，その他の国産機も16ビット化が始まることになる。コンピュータ上での漢字使用については，「漢字ROM」を搭載することで（ハードウェアによって），使うことが出来る仕組みとなった。その後の市場は，OSにMS-DOSを採用したPC-9800シリーズの独走態勢となる[12]。

この期間，外国製のコンピュータが日本語を取り扱えないという事情から，日本のコンピュータ市場はアメリカから隔離され輸入はゼロに等しかったが，IBM互換機が「ソフトだけで日本語変換できる」システム仕様を公開すると，NECの国内支配体制が崩れていった。

5 コンピュータの発展とその後

オープンシステムの登場

そうしたIT産業発展のなかで，メーカーに依存しない公開されたインターフェイスを持つコンピュータシステムが提唱された。オープンシステムといい，ベル研究所の開発したUNIXなどのOSがその代表である。同OSは1968（昭和43）年に開発され，現在，大型コンピュータやネットワークサーバーの分野では，圧倒的に多く，科学計算用の様々なシミュレーションプログラムは同

OSを前提に作られている。このオープンシステムの登場により、ハードウェアに依存しないプログラムの作成による開発の軽減が実現し、またメーカーの系列に縛られなくなった。

インターネットの発展

日本でも1995（平成7）年以降爆発的な広がりをみせ、ホームページやE-mailは一般化して、インターネットが家庭生活からオフィスでの仕事のやり方まで大きく変えた。インターネットを利用したE-コマース（電子商取引）は、販売管理、受・発注、物流管理など業務の効率化とコスト削減を可能とし、新しい市場を生み出した。またインターネットはデータベースが結びついてSCM（サプライチェーン・マネジメント）やCRM（顧客関係管理）といった方法論とコストダウンを実現している。そして、通信速度の向上や携帯がさらなるE-コマースの発展に拍車をかけている。

メインフレーム再評価

ダウンサイジング[13]により絶滅するかと思われたメインフレームだが、現在でも大規模な企業・組織で使われ続けている。その理由となっているものは、基幹業務での安定性・信頼性が優れていること、クローズドな特性はセキュリティやデータ整合性ということにふさわしいこと、コスト面で価格性能が向上して導入後の保守運用を考慮すれば安価となるなどである。

特に2000年代以降、大規模な企業・組織では、インターネットによるデータ処理形態の変化や、ダウンサイジングの弊害から、メインフレームへの統合化や仮想化[14]が進められるようになった。

おわりに

この章の最後として、IT産業の歴史を見返すことで結びとしたい。

IT産業は，アメリカを起源として，軍事産業としての性格を色濃く持っていた。ENIACがアメリカ陸軍の弾道計算用に開発されたものであるという事実は，政府の需要が，発展に極めて大きな貢献をしたことを象徴している。

　そしてパーソナル市場においては，IBMが当初IBM PCを市場に投入したとき採用したマイクロソフトのOS（MS-DOS）が，同社のものと互換機の普及にともなって，強固な独占市場を形成し，Windowsの時代になってさらに独占が強化していく。

　日本では，政府の保護によりメインフレームコンピュータからIT産業が始まる。その後アメリカと同様にパーソナル市場が生まれるが，各メーカーはクローズ戦略で顧客の囲い込みを展開する。ソフトメーカーを支援した日本電気が地位を一時的に確立したがしかしソフトでの日本語処理が技術的に解決されるとIBM互換機にシェアを奪われることになった。

注）
1）日本における各種統計における分類を定めた「日本標準産業分類」によると，IT産業は「情報通信業」と「製造業」の一部（情報通信機器具製造業，電子部品・デバイス製造業）から構成される。なお，2007年（平成19年），IT産業など産業構造変化に対応したものとするため，改訂告示が行われている。
2）「汎用」と呼ばれるのは，それ以前のコンピュータは特定の用途ごとに特注で製造されるのが一般的だったため，機器構成を柔軟に変更できることは当時としては画期的であった。
3）インテルが発明したマイクロプロセッサ（爪の先ほどのシリコン・ウエハーに回路をぎっしり詰めたもの）をメインの部品として搭載することで，これまでの10倍から100倍の値段のコンピュータと変わらない性能を実現できた。
4）インテル社の創設者の一人であるムーア（Gordon Moore）が1965年に経験則として唱えた，「半導体の集積密度は18ヵ月ごとに倍になる」という公式がある。後にムーアの法則（Moore's law）と呼ばれるもので，この法則によれば，半導体の性能は指数関数的に向上していくことになる。
5）TRS-80やPETとは対照的に，AppleIIは成功をおさめるが，その理由としてコンピュータをビジネス用途と考え，フロッピー・ディスクをサポート，表計算ソフトVisiCalcの使用が可能なためであった。
6）この時代のコンピュータを，その設備の規模や用途で分類すると次のようになる。

メインフレーム：企業などの基幹業務に利用される，大規模なコンピュータを指す用語。コンピュータが黎明時代を過ぎたばかりの1960年代では，コンピュータという言葉はメインフレームを指していた。なお，ほかに汎用コンピュータ，汎用機，汎用大型コンピュータ，大型汎用コンピュータなどと呼ばれている。

ミニコンピュータ：1960年代ごろ，研究室などような環境でも運用・利用できる「小型」のコンピュータをミニコンピュータ（ミニコン）と呼んだ。現在では，ミッドレンジシステム（IBM用語），ワークステーションなどと呼んでいる。

7) 1980年頃にはIBMのほか，三大企業（アップル，タンディ・ラジオシャック，コモドール），さらにはアタリ，シンクレア・リサーチなど多くのメーカーがビジネス市場に参入し，互換性を持たない独自仕様で競合していたが，その後IBM PCにシェアを奪われることになる。

8) G. パスカル ザカリー著，山岡洋一訳（1994）『闘うプログラマー〈上・下〉—ビル・ゲイツの野望を担った男達』では，ビル・ゲイツを商才の持った青年として描かれている。実際，ビル・ゲイツは私立レイクサイドスクール時代にプログラムの仕事で一夏に5,000ドル稼いだり，Altair8800用にBASICを開発・販売したりと「ビジネス」に長けていた。単なるコンピュータに詳しいだけの人とは，一線を画していたのは，明らかである。

9) 伊藤忠商事では社内公用文書で漢字を廃止し，カナだけにするような動きもあったとのことである。漢字が出力できるということは，コンピュータが急速に身近なものになった。

10) 8ビットCPU（MPU）を搭載した，コンピュータのこと。CPUのビット数が多いほど，コンピュータは一般的に高速に処理することができる。

11) 日本語入力については技術的な問題もあり，ワードプロセッサの時代を経て，コンピュータでのソフトを利用した入力へと移っていった。

12) NECは，基本設計としてIBM/AT（インテル相互のCPUと，マイクロソフトのOS）を採用しながらも，NEC独自の技術仕様にすることで，他社とは非相互（クローズド）戦略としてユーザーの囲い込みをおこなった。さらに，NECのソフト産業を積極的に支援した戦略によって，コンピュータの国内市場の制覇に成功したのであった。

13) IT業界では，より「小さな」コンピュータに置き換えることを意味する。1990年代に行われた，企業のシステムをメインフレーム中心から，パーソナルコンピュータなどを組み合わせたシステムへの移行を指している。

特に1990年代になると，機器における価格性能の向上，Windows，UNIXなどがクライアントサーバというシステム構成の強化，グラフィカルユーザインタフェース（GUI），通信プロトコル（通信に関する規約）の普及と相まって，ダウンサイジングが世界的に発生した。

なお，downsizingという「言葉」は，もともとビジネス用語で事業規模の縮小，

組織規模の縮小，特に人員削減を示す言葉となっている。1980年代のGE（ゼネラル・エレクトリック）で，ジャック・ウェルチが行ったものが有名である。
14) 仮想化の具体的な例としては，1台の大型コンピュータをあたかも複数台のコンピュータであるかのように論理的に分割し，それぞれに別のOSやアプリケーションソフトを動作させる「サーバ仮想化」技術，また複数のディスクをあたかも1台のディスクであるかのように扱う「ストレージ仮想化」技術などがある。

参考文献

嘉村健一（1993）『米コンピュータ企業の興亡：パソコン起業家達のサバイバル戦略』電波新聞社

情報処理学会歴史特別委員会編（2010）『日本のコンピュータ史』オーム社

パスカル ザカリー, G.著，山岡洋一訳（1994）『闘うプログラマー〈上・下〉―ビル・ゲイツの野望を担った男達』日経BP出版センター

ポール E. セルージ著，宇田理・高橋清美監訳（2008）『モダン・コンピューティングの歴史』未來社

マーチン キャンベル-ケリー・ウィリアム アスプレイ著，山本菊男訳（1999）『コンピューター200年史―情報マシーン開発物語』海文堂出版

ロバート・X・クリンジリー著，薮暁彦翻訳（1993）『コンピュータ帝国の興亡』（上巻・下巻）アスキー出版局

革新的企業の成立と発展

第15章

はじめに

2011年10月5日，スティーブ・ジョブズ（Steven Paul Jobs）は亡くなった。その時，アップルの取締役会は，以下のようなステートメントを発表した[1]。

> October 5, 2011
> Statement by Apple's Board of Directors
> We are deeply saddened to announce that Steve Jobs passed away today. Steve's brilliance, passion and energy were the source of countless innovations that enrich and improve all of our lives. The world is immeasurably better because of Steve.
> His greatest love was for his wife, Laurene, and his family. Our hearts go out to them and to all who were touched by his extraordinary gifts.

彼はアップルのCEO[2]（最高経営責任者）として，iMac，iPhone，iPadをはじめ，数々の話題となる製品を世に送り出した。こうした彼の活躍により，アップルは「世界で最も価値ある企業[3]」として評価され，2011年8月には時価総額で世界最高[4]となる成果を残している。

こうして見ると，スティーブ・ジョブズは数多くのイノベーション（革新）を起こし経営者として成功してきたといえよう。本章では，その彼をとりあげ，その革新の内容を探っていくことで，彼の経営活動，とりわけアップルの経営を立て直して劇的な変貌をとげた1996年以降を描いていくことにする。

なお，社会に大きな影響を与えたジョブズであるが，彼は社会からの大きな

影響も受けていて，それが彼の価値観を形成する一要因となり，経営手法となって現れている。その一例として，彼のシンプルなコンセプトは，かつてヒッピー[5]の影響を受け，禅に傾倒し，インドを放浪していたことと関連しているといわれている。

1 スティーブ・ジョブズとアップル

アップルの創設と追放

アップルは，スティーブ・ジョブズとスティーブ・ウォズニアック（Stephen Gary Wozniak），ロン・ウェイン（Ronald Gerald Wayne）によって創設された。この3人はアップルの創業という接点をもつといえる。スティーブ・ウォズニアックはビジネスの世界から，もうとっくに離れて，地域の学校にインターネット環境を提供するなど，学校教育とコンピュータの関わりに力を入れたりしている。ウェインは「自分に合っていない」と，アップルを2週間しないうちに離れた[6]。一方，ジョブズはアップルを成功させた後，自分がスカウトしたジョン・スカリー（John Sculley）にアップルを追い出され，ロス・ペロー（Henry Ross Perot）と組んでNeXT社を創立，1997年に執念のアップル返り咲きを果たし，またビジネス世界にもどった。

では，どのようにアップルが創設されたか，ジョブズの略歴とともに歴史をたどってみる。

1955年	2月24日に生まれ，その後すぐ，ポール・ジョブズ，クララ・ジョブズ夫妻に養子として引き取られる。
1971年	高校生の時に，ヒューレット・パッカードの夏季インターンシップに参加し，後にアップルの共同設立者となる，スティーブ・ウォズニアックと出会う。
1976年	ジョブズとウォズニアックは，制作した「AppleI」を666.66ドルで発売（開発については，ウォズニアックが行う）。
1977年	ジョブズ，ウォズニアック，マークラの3名でアップルを法人化する。

	「Apple II」を開発・販売（開発については，やはりウォズニアックがほぼ独力で行う）。爆発的人気をおさめる。
1979年	ジョブズがパロアルト研究所を見学した際に，目のあたりにしたGUI（グラフィカルユーザインタフェース）に衝撃を受け，これが後にリリースされる「Macintosh」に大きな影響を与えることになる。
1980年	株式公開をおこなう。750万株を持っていたジョブズは2億ドルを超える資産を手に入れ，フォーチュン誌で長者番付に名を連ねる。
1983年	ペプシコーラーの社長ジョン・スカリー（John Sculley）がアップルの社長に就任。ジョブズが「このまま一生，砂糖水を売りつづけるのか」と説得して引き抜いた。
1984年	マウス操作によるGUIやウインドウ表示，モノクロのディスプレイ一体型「Macintosh」を発売
1985年	ジョブズ，立ち居振る舞いが社内を混乱させたとして，取締役会から追放される。ジョン・スカリーを招いたことが裏目に出たのであった。ジョブズはNeXT社を創業するため辞表を提出，ウォズニアックも退社。
1986年	ジョブズ，NeXT社の仕事に並行し，ルーカスフィルムのコンピュータ関連部門を買収し，ピクサー社のCEOの座に就く。
1993年	業績が大幅に悪化したこともあってCEO交代，アップルのヨーロッパでの功績を上げたマイケル・スピンドラーへ。
1996年	第4四半期の利益が2,500万ドルに減少，倒産危機となり，スピンドラーはCEOの座を降ろされた。 アップルは，次期OSの基盤技術としてNeXT社の技術を採用することを決定，同社を4億ドルで買収することに合意。ジョブズは，アップルに非常勤顧問という形で復帰。
1995年	ピクサー社は，史上初のフルCG映画『トイ・ストーリー』を製作，爆発的ヒットする。ピクサー社も株式上場を果たす。なお，同映画は興行収入は，全世界で約3億6200万ドルとなった。
1997年	ジョブズ，マイクロソフトとの提携を発表。同社は，アップルに対して1億5000万ドルの投資。暫定CEOに就任。
1998年	スタイリッシュなデザインで，印象的なカラー，そして低価格の「iMac」を発売，赤字経営だったアップルを黒字へ転換。
2000年	以前と比べ，デザインや構造が一新されたOS「Mac OS X」発表。ジョブズ，正式にCEOに就任。
2001年	音楽プレーヤー「iPod」，ジュークボックスのように音楽を管理・再生するソフトウエア「iTunes」によって音楽事業に参入。
2004年	音楽・動画ダウンロード販売サービス「iTunes Music Store」を開始，

	1週間で800,000曲を販売する。
	ジョブズ，癌の摘出手術を受ける。
2005年	ジョブズは，「最高のパソコンを消費者に届けたい」とインテル社チップCPU採用を発表。
2006年	ディズニーがピクサーを買収，株主であったジョブズがディズニーの取締役になる。
2007年	「iPhone」発売。スマートフォンの時代がはじまる。
2009年	1月，ジョブズが病気療養に入る。肝臓移植を行った後，6月に復帰。「iPhone」など販売好調で，株価がわずか半年で倍増となる。
2010年	タブレット型情報端末「iPad」を発表。4月の発売後から大ヒットする。 5月，アップルの時価総額，マイクロソフトを抜きアメリカのIT業界でトップになる。
2011年	1月，ジョブズは再び病気療養へ。 6月，クラウドコンピューティングを利用した音楽配信サービス「iCloud」を発表。ジョブズが登壇し，プレゼンテーションする。 8月，アップルの時価総額が一時，アメリカ石油大手エクソンモービルを上回り，アメリカ上場企業トップになる。 8月24日，ジョブズ，CEO辞任を発表，ティム・クックが最高執行責任者（COO）就任。ジョブズは会長職にとどまる。 10月5日，アップルはジョブズの死去を発表。

2 ジョブズの経営手法

急進的な方向転換

　アップルは製品の洗練されたデザインのために，以前の製品との相互性を大胆に切り捨てる，「過去との互換性は画期的な製品進歩の抵抗である」とした。知られたジョブズの経営方針であった。

　例えば，かつて存在した低価格機種の「Performa」や「LC」，「Classic」等のシリーズでは，内部に拡張スロット（バス）が採用されていたが，その後の低価格機種である「iMac」や「iBook」では外部拡張用のポート（FireWireやUSBといった端子）を有するのみとなっていた。さらに，最近ではMacBook

Air においてメモリスロットの排除などが行われている。

　2001（平成 13）年には，OS の変更を行っていて，今までの MacOS 9 とはまったく互換性がない OS，MacOSX を発売した。ユーザインターフェースは MacOS 9 以前と比べ一新され，新たに設計された「Aqua」と呼ばれるものを採用し，半透明表示などを多用して見栄えを一新している。もっとも Mac OS X のカーネル（基盤部分）は「Darwin」と呼ばれるもので，UNIX 系 OS の一系統である BSD ベースの設計となっているため，OS の構造自体も全く異なっている。

　ジョブズが行った最後の急転換は，2005（平成 17）年の「アップルが将来的にインテルの CPU を採用した製品を提供する」という発表，そして翌年の 2006（平成 18）年 1 月にインテルの「Intel Core」を搭載した製品「MacBook Pro」と「iMac」を発売したことであろう[7]。

価値を創造する力

　1997（平成 9）年にジョブズがアップルに復帰するや，次の 1998（平成 10）年にはカラフルなコンピュータ「iMac」で世界を驚かせ，2001（平成 13）年に発売した携帯型音楽プレーヤー「iPod」は全世界的な大ブームを巻き起こした。

　特に iPod は，世界的な成功を収めている。この成功が示唆するのは，デザイン戦略とアイデアをともなった，消費者への価値の創造ということが出来よう。iPod の出現によって，社会の価値観が大きく変わったといっても過言ではない。

　これは，従来のターゲットマーケティング[8]といった手法とは，まったく異にしている。それは製品へのこだわりと，デザインを重視した設計思想によって支えられている。すなわち，アップルの製品が他社と最も違う点は，細部の作り込みに対する執念といえるだろう。質感や操作感の違いをジョブズは鋭く発見し，納得できない試作品は壁に投げつけるほどに激怒したという。

　ところで，自社工場を持たないアップルでは，こうした高度な技術を駆使し

たモノ作りを，一体どう実現しているのだろうか。それは，何千台もの切削加工機やレーザー加工機を導入し，それを製造委託先の加工工場に貸し出すことで，まったく新しいデザインの製品を生み出している。実際，アップルの年間の設備投資額は，ソニーのそれをはるかに上回るという。

　もっとも，ジョブズ率いるアップルがデザインしたのは，商品の外観のみといった狭い範囲のものにとどまらず，「顧客とのあらゆる接点」をデザインした。例えば，購入した製品との対面を演出し，感動と喜びをさらに引き上げてくれる「製品パッケージ」であるが，筐体は素材自体がもつ美しさも十二分に生かしたデザインで細部にまでこだわり，手に馴染み，心地よく使えるよう設計されている。直感で操作できるインターフェースの徹底した作り込みも，触った瞬間から実感できるようになっている。

　これら製品とジョブズとの関わりについては，彼が製品やサービスを最終的に「承認」して，大きな成果を上げたものであったことを忘れてはならないだろう。iPod のハードウェアエンジニアであったトニー（Anthony M. Fadell, 通称 Tony Fadell）も，「iPod の生みの親」といわれていること[9]からも，分かるであろう。

　なお，iPod はその商品のみで成功を収めたのではなく，その背景にコンピュータでの音楽再生ソフト iTunes と，音楽のダウンロード販売 iTunes Music Store といった，ハードとソフトのサービスが一体となったビジネスモデルを確立したジョブズの戦略が大きく関わっていた。

流通改革による利益確保

　ジョブズは，「アップル製品を無駄がない流通ルートで販売する」というシンプルな発想のもとに，流通改革をおこなっている。アップルによる NeXT 社の買収によって同社に復帰したジョブズは，1998（平成 10）年 8 月に発売した「iMac」によって，新たなアップルの時代を切り開いて見せた。その時に打ち出したのが大胆な流通改革だった。まず，彼は iMac の発売に際して大手

コンピュータストアとの取引を，アメリカではCompUSAの1社に絞り込んだ。それまで取り引きしていたBest BuyやCircuit Cityなどとの取引をすべて停止した。

さらに全米に8,000店舗あったVAR（Value Added Reseller，付加価値販売店認定店）のうち，4,700店舗との取引を停止した。長年に渡ってアップルを支え続けてきた販売店が，アップル製品を扱えなくなったのである。

そしてアップルが打ち出した契約継続条件は，今後も一定水準の売上高成長率を維持すること，ソリューションを中心とした販売・保守体制を有していること，アップルへの貢献を明確に示せること，需要の高い都市圏に立地していること，そのエリアにおいて継続的な市場成長が見込まれるといった厳しいものであった。つまり，マーケティング戦略として，成長率が低く，努力をしていない販売店は切り，さらに地方都市ではiMacを売るための販売店は置かず，代わりにネット直販でこれをカバーするという施策を打ち出したのである。もちろん，これは日本でも同様のことが行われた。

この時さらに販売店への卸価格も大幅な見直しが行われ，販売店が得られる利益率は，Windows PCに比べて少ないという状況に陥ったのである。

この流通改革の結果，販売店は利益確保のために定価で販売しなくてはならず，発売直後から2割引きというような従来のパーソナルコンピュータの販売方法を大きく変えることにもつながった。

ジョブズが打ち出した流通改革は，その後取引会社の追加などはあったものの，10年以上に渡ってアップルの標準的な仕組みとして定着し，業界における成功モデルとして成り立っている。

ワンマン経営者としてのジョブズ

こうした前述の経営は，ジョブズの「ワンマン」的な経営手法によって支えられているといえよう。実際，ジョブズは，アップルの創業者であり，トップであったと同時に，クリエイティブディレクターであり，広告塔であり，製品

テスターであり，プレゼンターでもあった。

そして，得意の「マイクロマネジメント」の手法（瑣末なことまで管理する手法）で現場に介入し，会社の隅々にまで目を光らせ，自らの製品ポリシーを徹底して反映させた。それは，コンセプト，デザイン，性能などのすべてにおいて，業界で最高の製品を作るという哲学に起因している。もちろん，自社の製品を愛し，それが持つポテンシャルを心から信じているからこそ，出来うる行動であろう[10]。

なお，こうしたワンマン的な経営は，彼の性格から起因しているだけではない。彼は，自分の目指す製品を作り上げるために，「ワンマン」的な組織システムを構築していったと評価できる。

その過程は，1997（平成9）年に経営陣に復帰した際のジョブズの行動に見ることが出来る。彼は，まるで創業のときのようにすべての決定権を持つよう画策し，その後当時の役員をすべて辞任させ，また大量の社員を解雇した。そして製品系列を整理，それまで35系列あった製品を5系列に絞る大幅な削減に出たのであった。その結果，彼がすべての製品，組織を直接コントロールすることが出来るようになり，アップルはジョブズの「ワンマン」が可能な体制になったのであった。通常ならば，アップルのような巨大な多国籍企業[11]を一人で経営することはできないであろう。また，これがジョブズによりアップルを生まれ変わらせることができた一つの要因となっている。

3 カリスマとしてのジョブズ

ジョブズの持つカリスマ性

カリスマ[12]的という言葉で片づけるのは簡単だが，確かにジョブズは，良くも悪くも人を惹きつける魅力と，周囲の人間を巻き込んで何かを成し遂げる力を秘めているといえる。

例えば，アップルには，ほんの数ヵ月もしないうちに，いたたまれなくなっ

て辞めてしまう人間がいる反面，15年以上もジョブズの下で活躍してきたメンバーも存在する。彼らが口々に指摘するのは，自らの限界を超える力を発揮して何かを創造することは，ジョブズなしには不可能だったということだろう。

その他にエピソードには事欠かないが，タイム誌が「史上最も影響力の強い20人のアメリカ人」を発表した，その一人としてジョブズの名前も含まれていた[13]。20人のなかには，ジョージ・ワシントン（George Washington），アルバート・アインシュタイン（Albert Einstein），ライト兄弟（Wright brothers），エイブラハム・リンカーン（Abraham Lincoln），トーマス・エジソン（Thomas Alva Edison）など歴代の世界的著名人が名を連ねている。この事実は，彼の偉業もさることながら，生来持つなにがしかの魅力によるものもあろう。

おわりに

この章では，アップルがジョブズによって創設され，彼が経営者から降ろされると共に経営危機を迎え，さらに彼の経営者としての復帰によって隆盛を極めた状況を概観し，その彼の経営手法を取り上げてきた。最後に，いま一度，アップルに関連する歴史を振り返ることで終わりとしたい。

創業時のアップルは，Apple IIという機種で，コンピュータの個人市場を開拓し取り込むことに成功して大きく発展する。その後，基幹ソフトのOSにおいてGUIという新しい操作法を取り入れ，そのOSをハードウエアと共に一体でMacintoshという製品名で市場に投入，IBM PCとは差別化を図ることができていた。しかし，ジョブズが退陣した後は機能的に先行したOSもマイクロソフトのWindowsの登場によって目新しさを失い，価格競争とともに敗退する。

ジョブズがアップルに戻り，OSX，iPod，iTunes，iPhoneと矢継ぎ早に製品を出しヒットさせるが，それは彼のマイクロマネジメントによって，洗練されたデザイン，操作感をもった製品であった。もちろん，これらはハードウエ

アとソフトウエアさらにはサービスを一体として消費者に提供したものである。例えばiPodの成功もiTunesとiTunes Storeが必須だったといえる。

　こうした製品やサービスは，技術的な発達の支えによって成立しうるものであるが，技術革新が急激に進んでいる時代にあっては，企業経営は迅速な経営判断を強いられていることになる。ジョブズは「ワンマン」という経営手法で，この時代の急激な流れのなか，巨大な多国籍企業を舵取りしていた。

注）
1）日本語のホームページには，「アップル取締役会による声明」として，以下の通り資料抄訳が掲載された。
　　　2011年10月5日
　　　深い悲しみと共にスティーブ・ジョブズが本日逝去したことを発表します。
　　　スティーブの才気，情熱，行動力は，私たちすべての人生を豊かにし向上させてきた無数のイノベーションの原点でした。スティーブのおかげで，この世界は計り知れないほど素晴らしいものになりました。
　　　彼は妻のLaureneと家族をこよなく愛しました。私たち取締役会の思いを彼の妻と家族，そして彼の非凡な才能に感化されたすべての人々に捧げます。
2）アメリカ型の企業において，経営実務に責任と権限を有するトップマネジメントのこと。企業の「所有」と「経営」を分離して考え，取締役会（所有者，つまり株主の代表）が業務執行を行う執行役員を任命・監督する，そのトップがCEOである。
3）2011年05月，ミルウォード・ブラウン（マーケティング会社）の調査では，アップルがGoogleを抜いて，世界で最も価値あるブランドとなった報告がされている。アップルのブランド価値が1533億ドルと評価され，Googleの前年まで4年連続トップを押さえて，1位になっている。
　なお，Googleは2位に転落し（ブランド価値1114億9800万ドル），3位はIBM（同1008億4900万ドル），5位はMicrosoft（同782億4300万ドル）であった。
4）2011年8月9日のニューヨーク株式市場にて，アップルの時価総額が一時アメリカ石油大手のExxonMobilを上回り，米上場企業のトップに立った。アップルは午後の市場取引で一時ExxonMobilを抜いたが，終値でExxonMobilは71.64ドルで時価総額3529億ドル，アップルは374.01ドルで時価総額3467億ドルとなる。なお，アップルは前年5月，時価総額では米ソフトウエア大手Microsoftを上回り米IT業界の首位に立っている。
5）1960年代後半，アメリカにおいて，青年を中心に起こった運動を支持した人々

の呼称のこと。既成の価値観（伝統・制度など）に縛られた人間生活を否定することを信条として，文明以前の野生生活への回帰を提唱している。
6）短期間であったが，アップルのロゴをデザインしたり，Apple I のマニュアルなどを作成する仕事に加わったりしていた。
7）かつてアップルは 1994 年に CPU を 680x0 から PowerPC にするという，構造の異なる CPU に移行している。しかし，インテルの CPU はさらに根本から大きく構造の異なる CPU である。
8）市場の多様なニーズに対応するために，ある種の条件によって市場全体を細かく区分し，その中で自社の製品やサービスに応じてターゲットを絞り込み，その標的市場の特有のニーズに適合させる。
9）2004 年 4 月 25 日付の「ニューヨーク・タイムズ」紙は，「iPod」に関連して，シリコンバレーで公然の秘密として語られている噂を取り上げた。iPod の隠れた生みの親は，エンジニアのトニー・ファデルだというものだ。また，ファデルはこの件に関する自分の見解を報道機関に話すことを禁じられているという。
10）2004 年から 2 年半の間，アップルのマーケティング担当副社長として，ジョブズとともに仕事をしてきた前刀禎明は，ジョブズが「自社の製品は常に史上最高の製品だと，本気で信じきって世の中に送り出していた」と指摘している。実際，ジョブズは新しい製品を発表するたびに「史上最高」と言ってプレゼンテーションしている。
11）多国籍企業（multinational corporation, MNC）とは，企業の活動拠点を一国に置かず，複数の国にわたって活動を展開している企業。
12）カリスマ（Charisma）は，語源的には「神の賜物」という意味である。具体的には，超人間的・非日常的資質を指し示している。
　このカリスマという概念を社会科学に持ちこんだのは，ウェーバー（Max Weber）であった。彼は支配の正当性を説明する分析概念として，合法的支配，伝統的支配に対比される第三の支配の型として「カリスマ的支配」という概念を提起した。定義によると，カリスマ的支配とは呪術師，予言者，改革者，軍事的英雄にみられる特殊な資質，能力の持ち主による社会的支配の形式である。
13）「Digital Visionary（デジタル界の預言者）」と称して，掲載された記事の一部を抜粋して掲載する。

> By 1997 Apple was on the skids, a victim of executives who lacked Jobs' vision. He returned to his former company, retooled it — and commenced the greatest comeback in business history, introducing a clutch of breakthrough products that created a new digital landscape: the iPod, the iTunes store, the iPhone, the iPad. Apple's retail outlets became the highest-grossing stores in the world, and as of 2012, Apple was the world's most valuable company.
> Jobs was a visionary whose great genius was for design: he pushed and

pushed to make the interface between computers and people elegant, simple and delightful. He always claimed his goal was to create products that were "insanely great." Mission accomplished.

参考文献

ウォルター・アイザックソン著，井口耕二訳（2011）『スティーブ・ジョブズ Ⅰ』講談社

ウォルター・アイザックソン著，井口耕二訳（2011）『スティーブ・ジョブズ Ⅱ』講談社

桑原晃弥（2010）『スティーブ・ジョブズ名語録』PHP 研究所

ケン・シーガル著，林信行監修，高橋則明訳（2012）『Think Simple―アップルを生みだす熱狂的哲学』NHK 出版

日経デザイン（2012）『アップルのデザイン　ジョブズは"究極"をどう生み出したのか』日経 BP 社

索　引

あ　行

IT　　156
IBM　　157-159
IBU　　159
味の素　　82, 84
アップル　　54, 158, 169, 170, 175, 176
アップルコンピュータ　　160
鮎川義介　　73-75, 80
R＆D　　2
安藤百福　　87
井植歳男　　46
イオン　　100
石田退三　　63
イトーヨーカ堂　　100, 139, 144
イノベーション　　169
井深大　　64
インテル社　　159, 160
ウォズニアック, S.　　170
H＆M　　130
SPA　　130, 134, 135, 140, 141
ABC改革　　136, 142
NEC　　164
NPO　　1
LG電子　　54
OS　　159
大阪電灯　　46
大阪紡　　25
大阪紡績会社　　21, 25
小倉昌男　　110, 112
OJT　　52
オランダ東インド会社　　10

か　行

海外直接投資　　53
外国人居留地　　12
海信　　54
花王　　120
革新　　7, 57, 58, 66, 68
合併・買収（M&A）　　104
カテゴリー・キラー　　100
鐘淵紡績会社　　21, 28
カネボウ　　119, 120
株式会社　　1, 13
神谷正太郎　　42
カルビー　　88, 89
関税障壁　　34
間接貿易　　52
企業家　　58
起業家　　57
企業者活動　　59
キッコーマン　　82, 84
規模の経済　　75
規模の経済性　　46, 47
キャンベル　　84
QC　　50
競争優位　　52
居留地　　9, 12
居留地貿易　　11
近代紡績業　　21
薬ヒグチ　　93
経営家族主義　　21, 32
経営資源　　2
経営の神様　　45
経済ナショナリズム　　38

研究開発　2
現地市場志向　38
現地生産　38
合資会社　13
合弁企業　41
合本組織　13
コーセー　119, 120
コカ・コーラ　82
個人企業　1
コスト　39
コール, A. H.　57, 58
コングロマーチャント（複合小売業）
　99, 102

さ　行

在華紡　31, 32
財務活動　4
サムスン　54
ZARA　130
三種の神器　49
GHQ（連合軍総司令部）　49, 50
CSR　123
GAP　130
GM　38-39, 41, 74, 75
GM輸出会社　38
事業部制　48
事業部制組織　48, 55
資生堂　115, 119-121, 124
芝浦製作所　28
CPU　159
CVCCエンジン　68
渋沢栄一　25, 28
しまむら　130, 139
シャープ　164
シュンペーター, J. A.　57-58, 66, 68
ジョブズ, S.　160, 169, 170
殖産興業政策　21, 23

新結合　58
水道哲学　47, 48, 55
スーパーマーケット　91, 95, 100
ウォズニアック　170
ジョブズ　160, 169, 170, 176
3PL　111
生産活動　2
西濃運輸　106, 108, 112, 113
西友　139
西友ストアー　149
セール＆フレーザー商会　37
ゼネラル・モーターズ社　34
セブン-イレブン　144-148, 150
セブン-イレブン・ジャパン　144
創造的破壊　58, 68

た　行

ダイエー　91, 92, 97, 100, 145
大規模小売店舗法　98
多角化　85, 86
宅急便　110
ダットサン　75
長虹　54
直接投資　34
直接貿易　52
TCL　54
デュポン　48
デュラント, W. C.　37
東洋陶器株式会社　18
東洋のマンチェスター　21
東洋紡績株式会社　31
戸畑鋳物㈱　73-75
豊田喜一郎　76, 77, 80
豊田佐吉　76
豊田自動織物機製作所　76, 77
トヨタ自動車　71, 76
ドラッカー, P. F.　86

な 行

中内功　93
中上川彦次郎　29
ナショナル・ブランド　152
ニクソン・ショック　54
日産自動車　71, 74
日清食品　82, 87
日本碍子株式会社　16
日本硬質陶器株式会社　18
日本産業　74
日本GM　39, 41-43, 74, 75
日本的経営　21, 32
日本電気（NEC）　163
日本陶器　16, 19
日本フォード　37, 41-43, 74, 75
ノキア　54
野田醤油株式会社　84
ノックダウン方式　37
ノリタケグループ　17

は 行

ハイアール　54
ハイニクス　54
ハインツ　84
橋本増治郎　73
パナソニック　45, 54, 97
販売活動　3
販売チャネル　3
販売の神様　42
非営利組織　1
POS　150, 152
東インド会社　10
日立製作所　111
日立物流　111, 112
PDCAサイクル　50
ビル・ゲイツ　161

ファーストリテイリング　135-137, 140
ファミリーマート　149
フィリップス　49
フォード, H.　34-41, 47, 74, 75
福原義春　122, 123, 125
藤沢武夫　63, 67, 68, 78
物流　111
プライベート・ブランド商品　97, 152
フランチャイザー　147
フランチャイジー　147
フランチャイズ　146, 147
フランチャイズ・システム　154
ブランド　115
ブランド・マネジメント　116, 117
ベルトコンベア式組み立てライン　47
ポーラ　120
ポール・アレン　161
本田技研工業　57, 63, 68, 71, 78
本田宗一郎　64, 67, 68, 78

ま 行

マイクロソフト　159-162
マクドナルド　81
益田孝　28, 29
松下幸之助　45, 55
松下電器　45, 97
三井物産　28, 30, 39
ミュール紡績機　22
武藤山治　21, 28
モトローラ　54
森村市佐衛門　17
森村組　14-17, 19

や 行

柳井正　131
ヤナセ自動車　39
梁瀬長太郎　39

ヤマト運輸　107-110,112
ヤマトホールディングス　103
ユニクロ　130-133,136,138-141
輸入代替工業化政策　53

ら 行

ライセンス取得　146

リスク　39
流通活動　3
流通経路　3

わ 行

ワールド　130
ワンストップ・ショッピング　95

〈編著者紹介〉

吉沢　正広（よしざわ・まさひろ）

現　職	東京福祉大学教授 立教大学卒業，愛知学院大学大学院博士課程満期退学 博士（学術）
専　攻	経営史，経営学
主　著	単著『国際ビジネス論』（唯学書房，2008年），共著『グローバル時代の経営と財務』（学文社，2003年），共著『入門グローバルビジネス』（学文社，2006年），共著『明治時代史大辞典』（吉川弘文館，2011年）他
所属学会	経営行動研究学会，国際総合研究学会，経営史学会他

歴史に学ぶ経営学

2013年 4 月 5 日　第 1 版第 1 刷発行
2016年11月30日　第 1 版第 4 刷発行
2020年10月30日　第 1 版第 5 刷発行

編著者　吉沢　正広

発行者　田中千津子
発行所　株式会社 学文社

〒153-0064　東京都目黒区下目黒3-6-1
電話　03(3715)1501(代)
FAX　03(3715)2012
http://www.gakubunsha.com

印刷　新灯印刷

©2013 YOSHIZAWA Masahiro Printed in Japan
乱丁・落丁の場合は本社でお取替えします。
定価は売上カード，表紙に表示。

ISBN978-4-7620-2358-3